U0937578

新时代"三农"研究精品文库

中国农村养老保障的历史演进与现实考察

中国农村

养老保障

历史演进与现实考察

ZHONGGUO
NONGCUN YANGLAO BAOZHANG
DE LISHI YANJIN YU XIANSHI KAOCHA

张宁　吴雄　唐虹　刘碧　著

中国·成都

图书在版编目(CIP)数据

中国农村养老保障的历史演进与现实考察/张宁等著．—成都：西南财经大学出版社，2018.11
(新时代"三农"研究精品文库)
ISBN 978-7-5504-3599-5

Ⅰ.①中… Ⅱ.①张… Ⅲ.①农村—社会养老保险—养老保险制度—研究—中国 Ⅳ.①F842.612

中国版本图书馆 CIP 数据核字(2018)第 155838 号

中国农村养老保障的历史演进与现实考察

张宁　吴雄　唐虹　刘碧　著

策划编辑	何春梅
责任编辑	何春梅　王利
封面设计	墨创文化
责任印制	朱曼丽
出版发行	西南财经大学出版社(四川省成都市光华村街 55 号)
网　　址	http://www.bookcj.com
电子邮件	bookcj@foxmail.com
邮政编码	610074
电　　话	028-87353785　87352368
照　　排	四川胜翔数码印务设计有限公司
印　　刷	四川五洲彩印有限责任公司
成品尺寸	170mm×240mm
印　　张	16
字　　数	185 千字
版　　次	2018 年 11 月第 1 版
印　　次	2018 年 11 月第 1 次印刷
书　　号	ISBN 978-7-5504-3599-5
定　　价	88.00 元

摘要

马克思主义高度关注社会现实，也在社会实践的基础上不断进行理论创新。无论是马克思、恩格斯、列宁等马克思主义经典作家，还是以毛泽东、邓小平等为代表的优秀的中国共产党人，都是在不断探索革命、建设和改革等重大现实问题的基础上推进马克思主义理论的发展。作为马克思主义中国化研究方向的研究者，既要坚持对于基本理论问题的高度关注，也要以马克思主义为指导，深入研究经济社会发展过程中面临的重大现实问题。农村养老保障便是这样一个值得研究的社会现实问题。它对于马克思主义养老保障理论的深化、“三农”问题的解决、社会主义新农村建设、全面小康社会的建成、国家治理体系与治理能力现代化等都有深远影响。

马克思曾在《哥达纲领批判》中指出，为了实现社会财富分配的公平，必须从总产品中扣除一系列必要的“劳动所得”，其中就包含为丧失劳动能力的人等设立的社会保障基金，包括工伤保险和养老保险等。列宁、毛泽东、邓小平等马克思主义的继承者也在不同场合强调过养老保障的重要性。随着人口老龄化的到来以及大批青壮年劳动力的外迁，中国农村养老保障问题日趋严峻。国家虽已建立了新型农村社会养老保险制度，但与农村养老保障需求仍有较大差距，继续推进农村养老保障研究具有重大的理论价值和实践意义。

本书以马克思主义为指导，借鉴西方经济学及社会学的相关理论，阐述了中华人民共和国成立以来农村养老保障的历史演变过程，并将宏观分析与微观分析相结合，对中国农村养老保障进行了现实考察。最后，本书借鉴国外养老保障的先进经验，提出了我国农村养老保障发展的创新路径。

中华人民共和国成立以来，农村养老保障经历了四个发展阶段：1949—1955 年，是小农生产方式下的家庭养老阶段；1956—1977 年，是集体农业生产方式下家庭养老与集体养老的结合阶段；1978—1991 年，是经济转轨时期家庭养老的复归与新型养老方式的探索阶段；1992 年至今，是市场经济体制下多元化养老保障体系的逐步形成阶段。

近年来，中国农村养老保障事业取得了较大成绩，包括新型农村社会养老保险在全国范围内普及、探索建立统一的城乡居民基本养老保险制度、《中华人民共和国老年人权益保障法》（简称《老年法》，全书同）的修订与实施等。与此同时，在发展过程中，也呈现出诸多问题，例如家庭养老保障面临挑战，新农保保障水平低，农村养老服务机构供给不足、地区差距较大，养老保障缺乏法律支撑，等等。在宏观分析的基础上，笔者选择山西省大寨村作为调研对象，进行了较为全面深入的微观分析。

他山之石，可以攻玉。本书试图通过透析世界各国的农村养老保障经验，为中国农村养老保障事业的发展提供借鉴。本书将各国农村养老保障模式划分为三大类：“储蓄积累型” 养老模式、“全民福利型”养老模式以及“社会保险型”养老模式，它们具有不同的内容及特点。

在对中国农村养老保障事业进行历史回顾、现实考察，并借鉴国外农村养老保障经验的基础上，本书提出了中国农村养老保障发展的创新路径：树立新型养老保障观念，构建养老、孝老、敬老文化；优化完善顶层设计，健全多元化农村养老保障体系；推动养老保障的城乡制度融合，灵活应对新矛盾变化；增强养老保障要素投入，优化养老资源配置；完善农村留守老人关爱服务体系，开启幸福晚年新征程；实践农村医养结合养老新模式，引领中国老人健康新生活。

本书导言部分、第一章、第三章由张宁撰写，第二章由张宁、刘碧撰写，第四章由吴雄撰写，第五章由唐虹撰写，附录由刘碧整理。每位作者对自己撰写的章节负责。

关键词：中国农村养老保障；家庭养老保障；社区养老保障；社会养老保障

目录

导言 1

第一节　选题依据与研究背景 2

第二节　研究意义 5

第三节　文献综述 7

第四节　研究思路、内容及方法 16

第一章　基本概念与理论基础 23

第一节　基本概念 23

第二节　理论基础 27

第二章　中华人民共和国成立以来农村养老保障的历史演进 39

第一节　小农生产方式下的家庭养老（1949—1955 年） 40

第二节　集体农业生产方式下家庭养老与集体养老的结合（1956—1977 年） 42

第三节　经济转轨时期家庭养老的复归与新型养老方式的探索（1978—1991 年） 44

第四节　市场经济体制下多元化养老保障体系的逐步形成（1992 年至今） 45

第三章　中国农村养老保障的现实考察 49

第一节　宏观分析 49

第二节　微观分析　58
第四章　农村养老保障国际经验借鉴　105
第一节　“储蓄积累型”养老模式　106
第二节　“全民共享型”养老模式　110
第三节　“社会保障型”养老模式　114
第五章　中国农村养老保障发展的创新路径　119
第一节　树立新型养老保障观念，构建养老、孝老、敬老文化　119
第二节　优化完善顶层设计，健全多元化农村养老保障体系　122
第三节　推动养老保障的城乡制度融合，灵活应对新矛盾变化　127
第四节　增强养老保障要素投入，优化养老资源配置　130
第五节　完善农村留守老人关爱服务体系，开启幸福晚年新征程　132
第六节　实践农村医养结合养老新模式，引领中国老人健康新生活　136
结语　141
参考文献　143
附录一　中国农村养老保障的相关文件　155
附录二　养老保障调查问卷　243

导言

习近平在党的十九大报告中指出，要“积极应对人口老龄化，构建养老、孝老、敬老政策体系和社会环境，推进医养结合，加快老龄事业和产业发展”①。近年来，养老保障问题日益凸显，受到社会各界的普遍关注。由于较低的经济发展水平与较高的老龄化程度，相比于城市，农村的养老保障问题更为严重。政府虽已建立了新型农村社会养老保险制度，但与农村养老保障对相关制度安排的需要仍有较大距离。本书以马克思主义相关理论为指导，深入探究中华人民共和国农村养老保障事业的历史演进，将宏观分析与微观分析相结合，具体研究中国农村养老保障事业的成绩及问题，最终提出中国农村养老保障事业进一步发展的创新路径。导言部分从选题依据与研究背景、研究意义、文献综述、研究目的、研究思路、研究内容与研究方法等方面阐述本研究的外围问题。

① 习近平. 决胜全面建成小康社会 夺取新时代中国特色社会主义伟大胜利——在中国共产党第十九次全国代表大会上的报告［M］. 北京：人民出版社，2017：47.

第一节　选题依据与研究背景

一、选题依据

马克思主义高度关注社会现实，也在探索现实问题解决途径的基础上不断发展。马克思、恩格斯面对经济危机一再爆发、两大阶级相互对立等突出问题，深入剖析资本主义世界的本质和弊端，发现了唯物史观和剩余价值理论，开创了马克思主义；列宁针对垄断组织迅速发展、世界大战一触即发等尖锐问题，提出了帝国主义理论和社会主义“一国胜利论”，推动了马克思主义的发展；以毛泽东、邓小平等人为代表的中国共产党人，则在回答中国革命、建设和改革等重大现实问题的基础上，创立了毛泽东思想和中国特色社会主义理论体系，实现了马克思主义中国化。

在当代，为了继承和发展马克思主义，既要坚持对于基本理论问题的高度关注，也要以马克思主义为指导，深入研究经济社会发展过程中面临的重大现实问题。农村养老保障便是这样一个关系重大、值得探索的问题。它对于实施乡村振兴战略、全面建成小康社会、国家治理体系与治理能力现代化等都有深远影响。正因如此，笔者将其作为研究选题，试图通过我们自己的实地调研和科学论证，探索出一条解决农村养老保障问题的可行之道。

二、研究背景

近年来，我国人口老龄化现象尤其是农村人口老龄化现象日益凸显。根据《中华人民共和国2016年国民经济和社会发展统计公报》，截至2016年年底，全国60周岁及以上的人口达到23 086万人，老龄化率达到16.7%[①]，而农村人口老龄化率比城市人口老龄化率高出4个百分点[②]。人口在城镇化的迁移过程中有先青年后老年的顺序，因此，随着城镇化的加速推进，农村人口老龄化趋势将更加严峻。与此同时，相比于城市地区，中国农村地区经济发展相对落后，养老保障事业发展较为滞后，已面临"未富先老""未备先老"的尴尬局面。

对于农村养老保障，中共中央和国务院的相关文件多次指示，见导言表1与导言表2。2002年11月，党的十六大报告就提出："有条件的地方，探索建立农村养老、医疗保险和最低生活保障制度。"[③] 2009年9月，《国务院关于开展新型农村社会养老保险试点的指导意见》提出："按照加快建立覆盖城乡居民的社会保障体系的要求，逐步解决农村居民老有所养问题。"[④] 自此，新型农村社会养老保险制度在全国范围内逐步建立。2013年11月，《中共中央关于全面深化改革若干重大问题的决定》指出："整合城乡居民基本养老保险制度、基本医疗保险制度。"[⑤] 2017年10月，习近平在党的十九大报告中指出，要"积极应对人口老龄化，构建养老、孝老、敬老

① 中华人民共和国国家统计局. 中华人民共和国2016年国民经济和社会发展统计公报[N]. 人民日报，2017-03-01.

② 王晓慧. 农村老龄化水平高于城市"老有所养"着力点转向农村［DB/OL］.［2017-12-08］华夏时报网，http://www.chinatimes.cc/article/72987.

③ 中共中央文献研究室. 十六大以来重要文献选编（上）［M］. 北京：中央文献出版社，2005：22.

④ 国务院关于开展新型农村社会养老保险试点的指导意见［J］. 中华人民共和国国务院公报，2009（26）：9.

⑤ 中国共产党中央委员会. 中共中央关于全面深化改革若干重大问题的决定［N］. 人民日报，2013-11-16（001）.

政策体系和社会环境，推进医养结合，加快老龄事业和产业”“完善城镇职工基本养老保险和城乡居民基本养老保险制度，尽快实现养老保险全国统筹”“健全……老年人关爱服务体系”。[①] 尽管我国正在逐步建立健全农村养老保障体系，但仍无法满足广大农村养老保障需要，应在现有基础上继续加以完善。

导言表 1　　2002 年以来党代会和党的全会关于农村养老保障体系的相关表述

十六大报告	有条件的地方，探索建立农村养老、医疗保险和最低生活保障制度
十七大报告	探索建立农村养老保险制度
十八大报告	整合城乡居民基本养老保险和基本医疗保险制度，建立兼顾各类人员的社会保障待遇确定机制和正常调整机制
十八届三中全会决定	整合城乡居民基本养老保险制度，积极应对人口老龄化，加快建立社会养老服务体系和发展老年服务产业
十八届四中全会决定	完善……社会保障……等方面的法律法规
十九大报告	完善……城乡居民基本养老保险制度，尽快实现养老保险全国统筹

导言表 2　　2004 年以来中央“一号文件”关于农村养老保障体系的相关表述

2004 年中央“一号文件”	落实好农垦企业参加企业职工基本养老保险的政策
2005 年中央“一号文件”	有条件的地方可以探索建立农村社会保障制度
2006 年中央“一号文件”	逐步建立务工农民社会保障制度

① 习近平. 决胜全面建成小康社会 夺取新时代中国特色社会主义伟大胜利——在中国共产党第十九次全国代表大会上的报告［M］. 北京：人民出版社，2017：47-48.

导言表2(续)

2007 年中央“一号文件”	有条件的地方，可探索建立多种形式的农村养老保险制度
2008 年中央“一号文件”	探索建立农村养老保险制度，鼓励各地开展农村社会养老保险试点
2009 年中央“一号文件”	建立个人缴费、集体补助、政府补贴的新型农村社会养老保险制度
2010 年中央“一号文件”	继续抓好新型农村社会养老保险试点，有条件的地方可加快试点步伐
2013 年中央“一号文件”	健全新型农村社会养老保险制度衔接整合的政策措施
2014 年中央“一号文件”	整合城乡居民基本养老保险制度……加快构建农村社会养老服务体系
2015 年中央“一号文件”	落实统一的城乡居民基本养老保险制度，支持建设多种农村养老服务和文化体育设施
2016 年中央“一号文件”	完善城乡居民养老保险参保缴费激励约束机制，引导参保人员选择较高档次缴费
2017 年中央“一号文件”	完善城乡居民养老保险筹资和保障机制，健全农村留守儿童和妇女、老人、残疾人关爱服务体系
2018 年中央“一号文件”	完善城乡居民基本养老保险制度，建立城乡居民基本养老保险待遇确定和基础养老金标准正常调整机制

第二节　研究意义

中国正处于决胜全面建成小康社会时期，如何遵循经济社会发展规律，立足于生产力发展水平与农村实际状况，深化对于农村养老保障体系的创新研究，是时代发展赋予我们的重要课题。

一、理论价值

党的十六大报告明确提出全面建设小康社会的宏伟目标，党的十七大报告对全面建设小康社会提出了新的更高的要求，党的十八大报告更是指出要全面建成小康社会。与总体小康相比，全面小康不仅要求物质上的丰富，也要求精神上的满足；不仅追求经济发展，也要求城乡之间、地区之间贫富差距缩小。建立健全农村养老保障体系，正是全面建成小康社会的内在要求。

近年来，围绕农村养老保障问题，学术界展开了深入探索和研究，并产生了一系列具有代表性的研究成果，如对“农村养老保障体系设计”的研究、对“国外农村养老保障经验借鉴”的研究、对“新农保的实施效果”的研究等。这些研究从不同的角度分析中国农村养老保障问题，深化了人们对农村养老保障问题现状及其解决方式的理解与认识。但是对于农村养老保障的主体责任、前进方向、城乡养老保障一体化等问题，仍需展开进一步的理论探讨。特别是要坚持以马克思主义为指导，基于中国全面建成小康社会的发展要求，适应生产力发展水平与农村发展状况，从宏观与微观的角度，对农村养老保障的参与主体、基本构成、实施细则等进行全面系统深入的探索，进而对农村养老保障问题获得规律性的认识，从而指导实践，完善农村养老保障制度，健全农村养老保障体系。因此，对农村养老保障进行深入研究具有重大的理论价值。

二、实践意义

首先，研究农村养老保障，对中国全面建成小康社会具有重大意义。当前，中国农村村庄空心化、人口老龄化趋势显著，对农村养老保障事业的发展有较大的需要。而中国的农村养老保障制度尚不健全，农村养老保障体系尚不完善，对于农村养老保障问题的解决、小康社会的全面建成均产生了不利影响。为此，要继续对农村养老保障进行深入探索。

其次，研究农村养老保障，对中国“精准扶贫”“精准脱贫”具有重大意义。而今，中国的贫困人口主要集中于农村，而农村贫困人口中，老年人贫困程度深、扶贫难度大。习近平指出，“要把社会保障兜底扶贫作为基本防线，加大重点人群救助力度，用社会保障兜住失去劳动能力人口的基本生活”[①]。深入研究中国农村养老保障，推进农村养老保障实践，可以为农村贫困老年人口提供基本的生活保障，服务于中国“精准扶贫”“精准脱贫”。

第三节　文献综述

长期以来，国内外学界对农村养老保障体系建设问题进行了大量研究，党和国家也对农村养老保障体系建设问题高度重视，相关文献可谓汗牛充栋。关于农村养老保障体系建设的研究目前有以下几种趋向：①建立农村社会养老保障制度的必要性与可行性；②国外农村养老保障体系建设对中国的启示；③农村养老保障体系的体系设计与模式选择；④农村养老保障体系建设的主体责任；⑤对新

① 中共中央文献研究室．习近平关于社会主义社会建设论述摘编［M］．北京：中央文献出版社，2017：95.

农保的评价及其实施效果的考察；⑥农村养老保障体系的地区分析。

一、建立农村社会养老保障制度的必要性与可行性

多数学者认为，建立农村社会养老保障制度对于新农村建设、和谐社会建设及全面建成小康社会都具有重要意义。其宏观必要性在于：应对农村人口老龄化挑战，减小城乡差别，缩小贫富差距，推进新农村建设，推动城镇化进程，提高农村消费需求，构建和谐社会，促进全面小康社会建设，推进国家治理体系和治理能力现代化，等等。其微观必要性在于：减少劳动者经营风险，应对家庭小型化、分子化以及养老伦理变化的挑战，保障老年人生活，减轻农民养老压力，等等。与此同时，也有部分研究者反对建立农村社会养老保障制度。陈平（2002）① 认为，统一社保在经济上不可行，并将严重削弱我国国际竞争力，还违背了小政府大市场的改革趋势。

对于建立农村社会养老保障制度的可行性，卢海元（2003）② 通过分析指出，中国业已达到欧美发达国家构建农民养老金制度时的经济发展水平。而杨翠迎（1997）③ 在分析发达国家建立农民年金保险制度时的经济社会状况后认为，我国工业化水平还很低，不具备在全国范围内建立农民年金制度的经济条件。但是，各地经济发展水平差异很大，在部分经济发达地区，则已具备相应条件。

① 陈平. 建立统一的社会保障体系是短视国策［J］. 中国改革，2002（4）：18-19.

② 卢海元. 中国农村社会养老保险制度建立条件分析［J］. 经济学家，2003（5）：36-37.

③ 杨翠迎，庹国柱. 建立农民社会养老年金保险计划的经济社会条件的实证分析［J］. 中国农村观察，1997（5）：57-61.

张为民（2009）[①] 则从农民个人投保能力和政府补贴能力这两个方面论证了国家建立新农保的可行性。而针对长期以来农村社会养老保障制度成效有限的问题，亓昕（2010）[②] 在调查后发现，其原因在于国家长期以来的发展政策和社会政策与农民需求之间的差距过大。

二、国外农村养老保障事业对中国的启示

部分学者对国外农村养老保障事业进行了分析，并从中总结了若干值得我国借鉴的经验和教训。白维军（2010）[③] 对巴西农村养老保障体系进行了分析，认为巴西的非缴费型和政府主导型农村养老金计划的实施产生了积极的社会影响，提高了农村养老保障水平，改善了农村老年人的生活，为中国欠发达地区农村养老保障体系的建设提供了宝贵经验。闫翠兰、张术环（2010）[④] 对德国农村社会养老保障体系的变迁过程进行了研究，在对其现有体系进行分析以后，认为其有内容的完整性和独立性、充分考虑农业特点、立法完善、管理严格、兼顾社会功能和经济功能等特点，中国农村养老保障体系改革可以在以上方面进行学习。王晓东（2014）[⑤] 认为，日

---

① 张为民. 我国建立新型农村社会养老保险的经济可行性分析［J］. 未来与发展，2009（11）：82-85.

② 亓昕. 农民养老方式与可行能力研究［J］. 人口研究，2010（1）：84.

③ 白维军. 巴西农村养老金计划及其对中国的启示［J］. 经济问题探索，2010（7）：167.

④ 闫翠兰，张术环. 德国农村社会养老保障制度及其借鉴意义［J］. 世界农业，2010（12）：64.

⑤ 王晓东. 日本农村养老保险体系设计和建立时机对我国的启示［J］. 经济体制改革，2014（2）：166-167.

本农村养老保险体系设计和建立时机都对我国具有一定启示意义，中国需要在完善法律、建构制度及渐进改革等方面向日本学习。雷丽平（2010）[①] 分析了俄罗斯的由国家、企业和个人分别分担养老资金来源的“三支柱”养老保险体系，认为其在制定符合国情的农村养老保障体系、资金来源的多元化等方面对中国有启示意义。

三、农村养老保障的体系设计与模式选择

在农村养老保障体系的体系设计与模式选择上，部分学者如张守玉、王小英、白玉琴、杨立雄等提出 NDC 模式（名义账户制）、土地换保障、土地信托、非缴费型的老年津贴等单一模式。John B. Williamson, Meghan Price, Ce Shen（2012）[②] 分析后认为，中国农村可以尝试 NDC 模式（名义账户制）解决养老问题。张守玉、薛兴利（2007）[③] 认为农村地区可以逐步实施以新型土地股份合作制为基础的农村养老保障方案。王小英（2007）[④] 认为应当制订科学的以土地收入建立养老保险的计划，使农村养老保险基金有充裕的来源。白玉琴（2012）[⑤] 认为农村地区可以推广“土地信托”模式来取代

① 雷丽平. 俄罗斯养老保险制度改革及其对我国的启示［J］. 人口学刊，2010（1）：44-45.

② JOHN B WILLIAMSON, MEGHAN PRICE, CE SHEN. Pension policy in China, Singapore, and South Korea: An assessment of the potential value of the notional defined contribution model［J］. Journal of Aging Studies, 2012（1）：79-89.

③ 张守玉，薛兴利. 基于新型土地股份合作制的农村养老保障设想［J］. 山东社会科学，2007（9）：42-43.

④ 王小英. 论“以土地换保障”——一个解决农村养老保险资金来源问题的新思路［J］. 中南财经政法大学研究生学报，2007（3）：40.

⑤ 白玉琴. 土地信托——农村养老方式的新探索［J］. 深圳大学学报（人文社会科学版），2012（3）：128.

传统的“养儿防老”即家庭养老模式。

学界的主流观点认为，我国应建立一种综合型的养老保障模式。周绍斌（2001）① 分析，在农村养老任务艰巨、传统农村养老保障模式局限明显、社会养老保险作用有限的情况下，必须选择家庭、社区、社会相结合的综合养老保障模式。田文颖、高贵如（2010）② 提出要构建“1+1+5”模式，即以国家普惠式养老为基础，以家庭养老为保障，以个人储蓄养老、商业养老保险养老、社区养老、社会救济养老、计划生育养老为补充的养老保障模式。杨礼琼（2011）③ 提出，中国特色的农村养老应该以家庭养老模式为基础、以土地养老模式为依托、以社会养老模式为制度保证。熊茜、李超（2014）④ 则在分析传统农村养老模式弊病的基础上，提出了以居家养老为基础、互助养老为依托、社会化养老为支撑的农村新型养老模式。顾永红（2014）⑤ 从社会养老、家庭养老、自我养老等视角提出了优化养老保障政策的建议。

四、农村养老保障体系建设的主体责任

学者们非常重视政府在农村养老保障事业中的责任。陆解芬

---

① 周绍斌. 论我国农村养老的模式选择［J］. 江西社会科学，2001（6）：178-180.

② 田文颖，高贵如. “1+1+5”模式——当前农村养老保障模式路径选择［J］. 特区经济，2010（9）：159.

③ 杨礼琼. 城乡统筹背景下中国特色农村养老保障路径选择［J］. 理论探讨，2011（3）：97-100.

④ 熊茜，李超. 老龄化背景下农村养老模式向何处去［J］. 财经科学，2014（6）：125.

⑤ 顾永红. 农村老年人养老模式选择意愿的影响因素分析［J］. 华中师范大学学报（人文社会科学版），2014（3）：14.

(2004)① 认为，政府应当在农村养老社会保险体系建设和运行中起主导作用，其应担负的责任主要包括政策责任、财政责任、法律责任等。苏保忠、张正河（2007）② 分析，农村基本养老保障的公共产品属性决定了政府支持的必然性，而其私人产品特性则使政府应承担的责任具有有限性。在他们看来，政府应承担立法、制度安排、组织管理、财力支持、监管等责任。卢志辉、杜黎霞（2011）③ 指出，政府在新农保建设中具有制度设计、财政支持、监督管理三大责任，而政府在承担这三大责任时均存在不足之处。

学者们认为，随着社会经济的变迁，家庭在农村养老保障中所能肩负的责任相对缩小。毛才高（1998）④ 指出，随着人口老龄化程度的日益加深，家庭已难以承受养老保障的负担，而且传统的家庭养老保障缺乏互助共济的功能，老人的生活质量也得不到保障。马雪彬、李丽（2005）⑤ 认为，农村家庭养老保障的弱化主要有土地收益率低下、城市化进程加快、人口老龄化加速三方面原因。不过，尽管责任相对弱化，部分学者仍认为家庭应承担起养老保障重任。张正军、刘玮（2012）⑥ 分析认为，家庭作为“自然选择”的结果，可以使养老

① 陆解芬. 论政府在农村养老社会保险体系建构中的作用［J］. 理论探讨，2004（3）：56-57.

② 苏保忠，张正河. 农村基本养老保障制度建设中的政府责任及其定位［J］. 中国行政管理，2007（12）：44-45.

③ 卢志辉，杜黎霞. 政府在新型农村社会养老保险制度中的责任构建与完善［J］. 开发研究，2011（5）：90-91.

④ 毛才高. 从传统的家庭养老谈我国农村养老模式的发展与对策［J］. 江苏社会科学，1998（1）：150-151.

⑤ 马雪彬，李丽. 从三维视角看我国农村家庭养老功能的弱化［J］. 贵州社会科学，2007（2）：63.

⑥ 张正军，刘玮. 社会转型期的农村养老：家庭方式需要支持［J］. 西北大学学报（哲学社会科学版），2012（3）：64.

保障资源在家庭内部达到均衡配置，同时具备个性化的优点。何玉桃（2006）[①] 认为，政府要从发展农村经济、加快农村精神文明建设、加强法制建设等方面，帮助农村家庭承担养老保障重任。

五、对新农保的评价及其实施效果的考察

席超超（2013）[②] 通过分析发现，新农保得到了广大农民的支持和赞扬。他认为，新型农村社会养老保险有参保涉及人员多、资金来源渠道多、缴费具有可选择性、政府支持力度大等优势。

郝佳（2014）[③] 通过研究发现，现行新农保制度下参保人的最优选择是低档次缴费、最低年限缴费（仅 15 年）和延期参保。该制度没有保护缴费能力较强群体的合理利益，挫伤了他们选择高档次缴费的积极性，导致新农保陷入最低档次参保困境。此外，现行制度也没有对参保人长期缴费的内在激励。

司春燕、蒋云赟等学者关注了新农保的财政支出及财政负担问题。司春燕（2011）[④] 认为当前中央财政对新农保的支持力度不够，为减轻欠发达地区的财政负担，激发农村地区消费潜力，中央财政应提高对新农保的投入力度。蒋云赟（2011）[⑤] 发现，在不过度增

---

① 何玉桃. 社会主义新农村建设中的家庭养老问题思考［J］. 中南民族大学学报（人文社会科学版），2006（S1）：94-95.

② 席超超. 我国新型农村社会养老保险初探［J］. 山西师范大学学报（社会科学版），2013（S2）：17-18.

③ 郝佳. 利益导向、最优选择与现阶段农村养老保险的机制设计［J］. 改革，2014（2）：67.

④ 司春燕. 新农村养老保险制度的财政支持路径选择［J］. 经济导刊，2011（2）：80-81.

⑤ 蒋云赟. 我国新型农村养老保险对财政体系可持续性的影响研究——基于代际核算方法的模拟分析［J］. 财经研究，2011（12）：4.

加财政负担的前提下，政府可以加快新农保覆盖速度，并可将基础养老金水平都提升到如同上海市的水平。

六、农村养老保障体系建设的地区分析

国内学者十分关注不同地区农村养老保障体系建设的实际状况。他们主要的研究领域包括发达地区、欠发达地区及民族地区。

发达地区由于经济发展水平较高，因此农村养老保障体系也更为健全。宋斌文、张琳（2006）① 对浙江省宁波市进行了深入研究，指出当地农村参加社会保险的类型主要包括城镇企业职工基本养老保险、农村计划生育养老保险、被征地人员养老保险、农村社会养老保险等，主要问题有中央部门认识不到位、制度设计存在缺陷、基金运营压力大等。廖少宏、宋春玲（2013）② 通过研究发现，山东农村老年人劳动参与水平较高，孤独感会促使其增加劳动供给时间，其原因主要是家庭不富裕。

针对河南省、甘肃省等中西部欠发达地区，学者们进行了深入探讨。许勤（2012）③ 对河南省农村养老保障体系进行了分析，主要问题包括：农民参与社会养老保险的意识相对滞后、养老金的使用与管理不规范、农民养老保障负担过重等。他提出，要加快河南省农业现代化进程、加快农村土地制度改革、拓宽农村养老保障基

① 宋斌文，张琳. 东部发达地区农村养老保险的实践与探索——来自浙江省宁波市的案例分析［J］. 农业经济问题，2006（11）：34-36.

② 廖少宏，宋春玲. 我国农村老人的劳动供给行为——来自山东农村的证据［J］. 人口与经济，2013（2）：67.

③ 许勤. 河南省农村养老保障现状及对策［J］. 中国经贸导刊，2012（17）：37-38.

金筹措、加强农村养老保障法制建设等。刘养卉、龚大鑫（2011）[①]分析，甘肃省农村养老保障典型模式有三个特点：自我养老模式难以为继、社会化养老模式作用有限、家庭养老模式不堪重负。为此，他们提出要继续巩固和加强家庭养老在农村养老中的基础性作用，完善农村社会养老保险体系，正确引导农村老人自养。

民族地区也是国内学者进行农村养老保障体系建设地区研究时重点关注的区域。杨志玲（2006）[②] 深入分析了云南丽江玉龙纳西族自治县拉市乡少数民族农村老年人的养老问题。她指出，少数民族农村具有非常强的尊老、敬老意识，家庭养老方式比较普遍。不过，家庭养老受到子女数量减少、人口迁移、养老需要增加等因素的挑战。因此，发展社区养老、发展农村社会养老保险制度是必然的选择。张艳春（2009）[③] 分析了朝鲜族聚居的延边地区的农村养老保障体系建设状况，指出，在一定时期内，只有将家庭养老、土地养老和社会养老三者相结合，才能解决少数民族的养老难题。白维军（2013）[④] 认为，由于民族地区农村养老保障存在明显的流动性要素缺失，政府需要创新公共服务理念，构建起可流动的民族地区农村养老保障服务网络。

---

① 刘养卉，龚大鑫. 甘肃省农村养老保障典型模式调查研究［J］. 开发研究，2011（5）：86-89.

② 杨志玲. 农村少数民族老年人的生活及养老——以云南丽江玉龙纳西族自治县拉市乡为例［J］. 云南民族大学学报（哲学社会科学版），2006（6）：44-45.

③ 张艳春. 少数民族地区农村养老保障体系的建立和发展分析——以朝鲜族聚居的延边地区为例［J］. 黑龙江民族丛刊，2009（5）：62.

④ 白维军. 流动公共服务视角下的民族地区农村养老保障服务创新［J］. 内蒙古社会科学（汉文版），2014（2）：9.

七、简要的评析

国内外众多学者对于农村养老保障问题进行了深入研究，取得了丰硕成果。他们分析了农村社会养老保障体系建立的必要性与可行性，总结了国外所取得的成就，构建了多种农村养老保障模式，阐述了农村养老保障的主体责任，评价了新农保的实施效果，研究了不同地区的农村养老保障体系建设的具体情况。不过，这些成果尚有不足之处：首先，在养老与养老保障的定义上，学者们常将两者相混淆。其次，在主体责任方面，多侧重于阐述政府责任，也有部分学者强调家庭责任，而对集体组织责任的重视不足。在家庭养老保障弱化、政府职能转变的情况下，解决农村养老保障问题，必须运用集体组织的力量。因此，关于该主题的研究要在集体组织责任方面进行加强。再次，在分析国外农村养老保障体系建设时，多是总结其经验而忽视了它们存在的问题，不利于理论完善与体系构建。不管是发达国家还是发展中国家，养老保障体系的建设都要经历漫长过程，也面临着诸多问题。这些问题需要我们进行深入剖析，以求在体系完善过程中谨慎地避开或者圆满地解决。最后，学者们在进行相关研究时，重复性研究较多，独创性研究较少，不利于将该主题的研究进一步深入推进。

第四节　研究思路、内容及方法

一、研究思路与技术路线

本书从文献查阅出发，在廓清基本概念的前提之下，以马克思主义基本理论为指导，在对中华人民共和国成立以来农村养老保障进行历史分析的基础之上，结合对大寨村实地调研的情况，系统研究中国农村养老保障建设已取得的成就及存在的问题，并结合国外经验，探索出一条可行的创新路径。这个研究思路力图保持逻辑与历史的统一，以增强其现实解释力与实际可操作性（见导言图 1）。

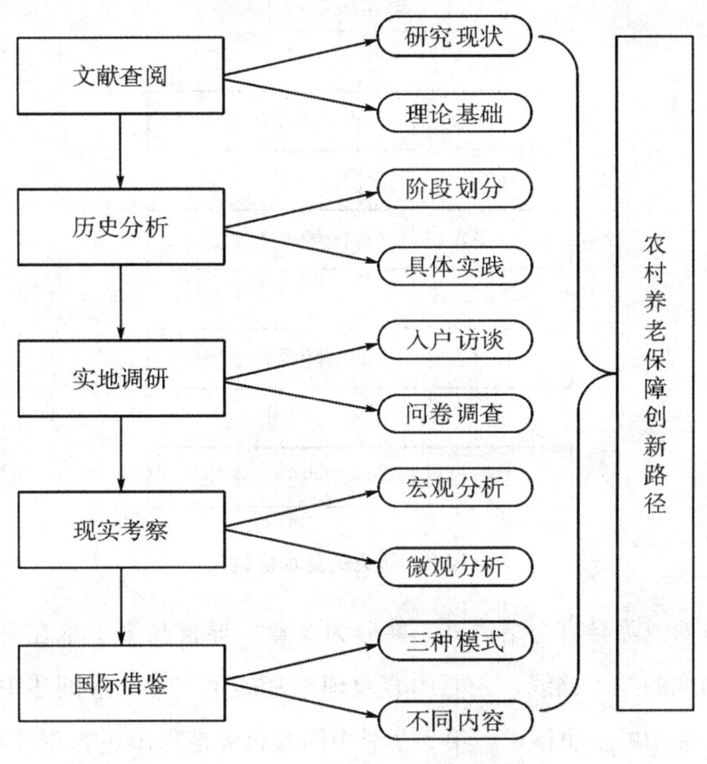

导言图 1　本选题的研究路线示意图

二、研究内容与基本框架

本书研究中国农村养老保障的相关内容，从历史演进、现实考察、国际借鉴、创新路径等方面展开。本研究的基本框架图如导言图2所示。

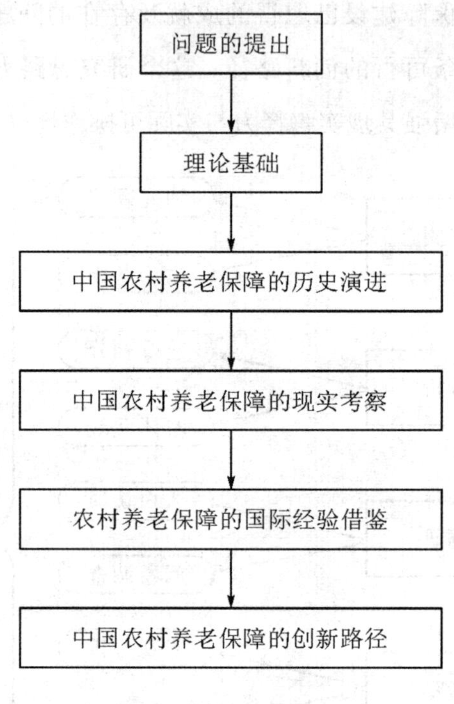

导言图2 研究的基本框架图

本研究除导言与结语外，共分为5章。导言与第1章在总体上阐述研究的技术路线、主要内容及理论基础等，第2章阐述中国农村养老保障的历史演进，第3章对中国农村养老保障进行现实考察，第4章研究农村养老保障的国际经验，第5章提出中国农村养老保障的创新路径，结语则对本研究的主要内容进行总结，并对进一步的研究方向做出说明。具体研究内容如下：

导言与第1章对本书的外围问题及基本理论做出说明。导言部分主要阐述了选题依据、研究背景，评述了以往的研究成果，并明确了本选题的研究目的、思路、内容及方法。第 1 章阐述了本选题可能会涉及的基本概念与理论基础，为接下来的研究做好理论准备。

第 2 章根据中华人民共和国成立以来农村养老保障的特征变化，将其发展分为四个阶段，并深入分析了中国农村养老保障的历史演进，为接下来对该体系进行具体分析奠定了基础。

第 3 章从宏观与微观两个视角对中国农村养老保障进行了现实考察，分析了其取得的成绩及存在的问题。

第 4 章将国外农村养老保障模式分为“储蓄积累型”养老模式、“全民福利型”养老模式及“社会保险型”养老模式，并对这三种养老模式进行了具体阐述。

第 5 章对中国农村养老保障事业进行了历史回顾、现实考察，并在借鉴国外农村养老保障经验的基础上，从文化构建、体系完善、城乡融合、要素投入等层面提出了中国农村养老保障进一步发展的创新路径。

结语部分对前文内容进行了总结，并对未来进一步研究的方向做出说明。笔者认为，在今后的研究过程中，要在现有基础上充实理论知识，扩展研究视野，增强实地调研及实证研究能力。

三、可能的创新点

（1）本书将宏观分析与微观分析相结合，系统研究了中国农村养老保障的现实状况。在进行微观分析时，将视角对准山西省大寨村，从养老保障这样一个新的视角去研究大寨村、挖掘大寨村，突破了前人对于大寨村研究视野的局限性，深化了对于大寨村的研究，对于大寨村养老保障体系建设经验的总结、推广有一定促进意义。

（2）本书从文化构建、体系完善、城乡融合、要素投入等层面提出了中国农村养老保障进一步发展的创新路径，对于中国农村养老保障事业的发展有一定的借鉴意义。

四、研究方法

（1）理论研究与实证研究相结合的方法。笔者一方面从马克思主义、中国化的马克思主义、西方经济学、社会学等角度对相关理论进行了分析和总结，另一方面对中国农村养老保障体系建设进行了实证研究，增强了本研究的说服力。

（2）宏观研究与微观研究相结合的方法。在分析中国农村养老保障的现实状况时，做到了宏观研究与微观研究的结合，提升了本研究的科学价值与人文价值。

（3）定性研究与定量研究相结合的方法。在对中国农村养老保障体系建设进行定性研究的基础上，笔者通过对于调研数据的分析，加强了对研究对象的定量研究，从而做到了定性研究与定量研究的结合，提高了本研究的科学性。

（4）入户访谈与问卷调查相结合的方法。在对山西省大寨村养老保障体系建设情况进行调研时，笔者采取入户访谈与问卷调查相结合的方式，能更准确地总结经验、发现问题，提升了本研究结论的准确性。

小 结

本章从选题依据、研究背景、研究意义、文献综述、研究目的、研究思路、研究方法、研究内容、研究方法等方面廓清了本研究的外围问题，为接下来的研究奠定了良好的基础。在选题依据方面，笔者认为，作为马克思主义中国化专业的研究者，不仅要坚持对于基本理论问题的高度关注，也要以马克思主义为指导，深入研究中国经济社会发展过程中面临的重大现实问题，因此选择了农村养老保障这一现实性很强的主题。在研究背景方面，我国人口老龄化趋势凸显，农村人口老龄化问题更为严重，而现有养老保障体系又无法完全满足农村老年人的养老需要，需继续加深对于该领域的研究。在研究意义方面，本研究的主要意义包括促进全面小康社会的建成，推进“精准扶贫”“精准脱贫”等。在文献综述方面，本章阐述了学者对于该领域研究的总体情况，并对一些代表性观点做了评述。在研究思路方面，本研究从文献查阅出发，在对中国农村养老保障进行历史分析的基础上，将宏观分析与微观分析相结合，对其取得的成就与现实的问题进行系统考察，并对农村养老保障的国际经验进行透视，最终提出创新路径建议。在研究框架方面，除导论外，本书共包括新中国农村养老保障的历史演进、中国农村养老保障的现实考察、农村养老保障国际经验借鉴、中国农村养老保障发展的创新路径五大章节。在研究方法方面，本研究使用了理论研究与实证研究相结合、宏观研究与微观研究相结合、定性研究与定量研究相结合、入户访谈与问卷调查相结合等方法。

第一章　基本概念与理论基础

马克思指出："理论在一个国家实现的程度，总是决定于理论满足这个国家的需要的程度。"① 理论来源于实践，同时又服务于实践，两者相辅相成、相互作用。为了深入研究中国农村养老保障，必须对所涉及的基本概念与基本理论进行认真梳理。

第一节　基本概念

马克·布洛赫指出："要提出重大问题，就必须具有更为广阔的视野，决不能让基本特点消失在次要内容的混沌体中。"② 要研究中国农村养老保障，首先必须明晰养老保障所涉及的基本概念，这是科学研究的出发点。表面上看，这些概念已经再清楚不过，但每一次阐释都可能激发新的观点，从而对研究的进程及结论产生影响。本节首先阐释养老与养老保障的概念，并对家庭养老保障、社区养老保障、社会养老保障等做出界定。

---

① 马克思恩格斯选集：第 1 卷［M］. 北京：人民出版社，2012：11.

② 马克·布洛赫. 法国农村史［M］. 余中先，等，译. 北京：商务印书馆，1991：2.

一、养老与养老保障

养老，指个人、家庭、社区、政府及其他社会团体等对于缺乏行为能力的老年人的赡养行为。关于老年人，世界各国有不同的标准。西方一些发达国家将65周岁以上的人确定为老年人，而世界卫生组织及我国新《老年法》都认为老年人指60周岁以上的人。本书采取世界卫生组织及新《老年法》中的规定，将老年人确定为60周岁以上的公民。由于人的生活包括物质生活和精神生活，因此，养老既包括物质层面的赡养和照料，也包括精神层面的慰藉和陪伴①。

养老保障，指以何种方式保障养老，它与养老的不同之处在于二者的对象范围不同：养老主要针对现在的老年人而言，养老保障对于不同年龄段的人都适用②。在学术研究中，常有学者将两者混淆，从而对该领域的深入探讨产生了不利影响。

二、家庭养老保障与居家养老服务

按照马克思、恩格斯的观点，家庭指夫妻之间、父母与子女之间的关系，“每日都在重新生产自己生命的人们开始生产另外一些人，即增殖。这就是夫妻之间的关系，父母与子女之间的关系，也就是家庭”③。

而家庭养老，历来有“亲情说”“家庭说”“方式说”三种解

① 马雪彬，李丽. 从三维视角看我国农村家庭养老功能的弱化［J］. 贵州社会科学，2007（2）：61-64.

② 公维才. 中国农民养老保障论［M］. 北京：社会科学文献出版社，2007：27.

③ 马克思恩格斯选集：第1卷［M］. 北京：人民出版社，2012：159.

释[①]。“亲情说”认为，家庭养老指建立于血缘关系上的亲情养老；“家庭说”侧重于强调家庭成员在养老中的作用；“方式说”认为家庭养老是一种与农业社会相适应的养老方式。综合以上三种说法，笔者认为，家庭养老指以家庭为单位，建立于亲情、伦理与法律基础之上的，对缺乏行为能力的老人进行赡养的行为。它适应于传统社会，对于现代化进程中的中国也仍具有重要意义。张正军，刘玮（2012）指出，家庭养老是基于血缘关系基础上的自然选择，可以达到养老资源在家庭层面的均衡分配。

至于家庭养老保障，则指家庭采取各种行为，以保障养老。它既包括家庭成员对于家中老人的赡养行为，又包括家中的青壮年通过储蓄等行为以获得对于自我未来老年生活的保障。在研究中，通常更侧重于对于现在老年人的养老保障。

而居家养老服务，常被人们误解为家庭养老或家庭养老保障。事实上，现代性的居家养老服务，与传统的家庭养老有本质性区别。前者发源于工业化，它的基本支持系统为社会关系，家庭、政府与其他社会团体都是其责任主体[②]。后者指的是由个人、家庭等多元主体提供养老资源，在社区的基础之上，通过多渠道提供养老服务[③]。由于家庭养老保障比居家养老服务更能反映大寨村的现实情况，故而本书更多地采用“家庭养老保障”而非“居家养老服务”这一术语。

① 姚远. 对家庭养老概念的再认识［J］. 人口研究，2000（5）：5.

② 丁建定. 居家养老服务：认识误区、理性原则及完善对策［J］. 中国人民大学学报，2013（2）：20-26.

③ 冯晓娟. 我国城市居家养老模式的发展［J］. 社会科学家，2012（4）：67-70.

三、社区养老保障与社会养老保障

“社区”与“社会”的概念最早由社会学家 F. 滕尼斯于 1887 年在《共同体与社会：纯粹社会学的基本概念》一书中进行区分。在他看来，社区（共同体）是人与人之间关系密切的社会团体，以血缘、地缘和精神为纽带①。而社会则是通过惯例和自然法联合起来的②缺乏感情交流和关怀照顾的社会团体。本书中所指的社区，主要指地域性社区，指居住在一定区域内的有组织的人群。而社会则指社区之外的各种社会团体，如政府、红十字会、企业等。

所谓社区养老保障，指以社区为单位，对该社区内居民的养老保障。在农村，社区主要以行政村或自然村为单位，因此，农村的社区养老保障，即指以村庄为单位对于该村居民的养老保障。另外，大寨村筹建中的老年人日间照料中心，虽属于村集体与县财政共建，但主要物质承担者、责任主体、所处地点等都为大寨村，因此可归为社区养老保障。

社会养老保障，指家庭成员、社区（村委会）以外的社会主体提供的养老保障。它既包括政府所构建的养老金制度所提供的养老保障，也包括其他社会团体（如红十字会、企业等）提供的各种养老服务。

---

① 滕尼斯. 共同体与社会：纯粹社会学的基本概念［M］. 林荣远，译. 北京：商务印书馆，1999：65.

② 滕尼斯. 共同体与社会：纯粹社会学的基本概念［M］. 林荣远，译. 北京：商务印书馆，1999：108.

第二节 理论基础

研究农村养老保障，必须首先掌握相关的经典理论。作为论述的基础，本节对养老保障的理论基础进行梳理，包括马克思主义经典作家的社会保障思想、中国化马克思主义的养老保障思想、西方经济学及社会学相关理论等，为后续研究提供理论依据。

一、马克思主义经典作家社会保障思想

马克思主义经典作家对于农村养老保障没有专门论述，但对于社会保障问题极为重视。他们所关注的主要问题包括社会保障的必要性、社会保障基金、社会保障对象、社会保障主体、社会保障水平等。

关于社会保障的必要性问题。列宁认为，在资本主义条件下，实施社会保障具有历史必然性。他指出："无产者根本不能从自己的工资中拿出一些钱去储蓄，以便在因伤残、疾病、年老、残废而丧失劳动力时，以及在资本主义生产方式必然造成的失业时使用。因此，在出现上述一切情况时对工人实行的保险，完全是资本主义发展的整个进程所决定的一种改革。"① 也就是说，在资本主义社会，工人工资的低下使其无法独立面对生活中的种种困境，因此对社会保障具有较强的需要。在这样的需要之下，为了确保自身的稳定与

① 列宁全集：第 21 卷 [M]. 北京：人民出版社，1990：154-155.

发展，资本主义社会必须建立健全社会保障制度。同时，他也特别重视社会主义条件下的社会保障问题。1917 年，列宁在《修改党纲的材料》中提出："工人在年老和完全或部分丧失劳动能力时，得享受国家保险，由国家向资本家征收特别税作为这项支出的专用基金。"① 健全的社会保障，既是工人应享的社会福利，也是国家应承担的社会责任。社会保险不健全，将使得丧失劳动能力的工人面临生存危机，也会增加社会不稳定的风险。

关于社会保障基金问题。马克思在《哥达纲领批判》一书中强调了在社会财富的分配上要有真正意义上的公平，而为了实现这种公平，就必须从总产品中扣除一系列必要的"劳动所得"，其中就包括为丧失劳动能力的人等设立的基金，也即社会保障基金，或称社会保险，包括工伤保险和养老保险等。紧接着，马克思指出："'不折不扣的劳动所得'已经不知不觉地变成'有折有扣的'了，虽然从一个处于私人地位的生产者身上扣除的一切，又会直接或间接地用来为处于社会成员地位的这个生产者谋利益。"② 可见，在马克思看来，为了保障劳动者的生活水平，必须提前将社会保障基金从社会总产品中进行扣除。

关于社会保障的对象问题。1912 年 1 月，列宁在俄国社会民主党第六次"布拉格"全国代表会议决议中指出："保险应包括一切雇佣劳动者及其家属。"③ 同样，在农民如汪洋般存在的中国，社会保障的范围不仅仅应当包括一切雇佣劳动者，也应包括全体农民。

---

① 列宁全集：第 29 卷［M］. 北京：人民出版社，1985：489.
② 马克思恩格斯选集：第 3 卷［M］. 北京：人民出版社，2012：362.
③ 列宁全集：第 21 卷［M］. 北京：人民出版社，1990：155.

关于社会保障主体问题。1848 年，马克思、恩格斯在《共产党在德国的要求》一文中提出：“建立国家工厂。国家保证所有的工人都有生活资料，并且负责照管丧失劳动力的人。”① 可见，马克思、恩格斯特别强调国家在社会保障中的重要作用，对于那些丧失劳动力的工人，要承担起照顾其生活的责任。列宁认为企业主和国家应承担保险费用。他指出：“最好的工人保险形式是工人的国家保险……对一切被保险人都应按照偿付全部工资的原则给予补偿，同时一切保险费应由企业主和国家负担。”②

关于社会保障水平问题。马克思认为社会保障水平既要保障人民的基本生活，又不能阻碍生产力的发展。在社会保险基金的扣除上，“应当根据现有的资料和力量来确定，部分地应当根据概率论来确定，但是这些扣除根据公平原则无论如何是不能计算的”③。同时，恩格斯认为：“分配方式本质上毕竟要取决于有多少产品可供分配，而这当然随着生产和社会组织的进步而改变，从而分配方式也应当改变。”④ 也就是说，随着经济发展水平的提高，社会保障水平也应逐步提高。

关于社会保障管理问题。列宁指出：“各种保险应由统一的保险组织办理，这种组织应按区域和被保险人完全自行管理的原则。”⑤ 在这里，列宁的观点有三点：①应该建立统一的保险组织管理社会保险，以降低管理成本，提高管理效率；②社会保险管理组织应当

① 马克思恩格斯全集：第 21 卷［M］. 北京：人民出版社，1965：253.

② 列宁全集：第 21 卷［M］. 北京：人民出版社，1990：155.

③ 马克思恩格斯选集：第 3 卷［M］. 北京：人民出版社，2012：362.

④ 马克思恩格斯选集：第 4 卷［M］. 北京：人民出版社，2012：599.

⑤ 列宁全集：第 21 卷［M］. 北京：人民出版社，1990：155.

按照区域进行管理，以提高社会保险的适应性；③社会保险应由被保险人完全自行管理，以防止腐败行为的产生。

二、中国化马克思主义养老保障思想

以毛泽东、邓小平、江泽民、胡锦涛、习近平等为代表的中国共产党人在推进马克思主义中国化的过程中，针对养老保障也有重要的理论贡献，主要体现在养老保障的必要性、养老保障水平、养老保障方法等方面。

关于养老保障的必要性。毛泽东特别重视养老保障问题。早在革命战争时期，毛泽东在《才溪乡调查》一文中就强调做好红军家属的社会保障工作“是使群众欢喜去并且安心留在红军部队的一个根本工作”①。1933 年，他在《长冈乡调查》一文中指出：“互助社的工作是优待红属、社员互助与帮助孤老。”② 中华人民共和国成立后，毛泽东高度重视农村养老保障，并领导相关部门构建了“五保供养制度”。邓小平认为，“稳定压倒一切”③。而社会稳定需要通过包括各种社会福利的提高来维持。他指出，“工会要努力保障工人的福利”，生产力水平的落后“决不能成为企业领导不关心工人福利的借口，尤其不能成为工会组织不关心工人福利的借口”④。我国仍处于社会主义初级阶段，相关部门必须重视包括社会养老保障在内的各种社会保障工作的展开。江泽民将包括社会养老保险制度在内的

① 毛泽东文集：第 1 卷［M］. 北京：人民出版社，1993：329.
② 毛泽东文集：第 1 卷［M］. 北京：人民出版社，1993：300.
③ 邓小平文选：第 3 卷［M］. 北京：人民出版社，1993：331.
④ 邓小平文选：第 2 卷［M］. 北京：人民出版社，1994：137.

社会保障体系的建设作为建立社会主义市场经济体制的重大举措，同时对于社会稳定与国家长治久安具有重要意义。1995 年五六月间，江泽民在上海和长春召开的企业座谈会上都指出："加快建立多层次的社会保障体系，特别是抓紧建立和完善养老、失业、医疗保险制度，这对于深化企业改革，保持社会稳定，顺利建立社会主义市场经济体制，具有重大意义。"① 在党的十六大报告中，江泽民指出："建立健全同经济发展水平相适应的社会保障体系，是社会稳定和国家长治久安的重要保证……有条件的地方，探索建立农村养老、医疗保险和最低生活保障制度。"② 胡锦涛在党的十七大报告中指出："社会保障是社会安定的重要保证……探索建立农村养老保险制度。"③

关于养老保障对象。毛泽东认为养老保障的权利并非只针对共产党员，而是针对所有公民。他在给湖南领导同志的批示中明确指出："湖南有十万失业军政人员和广大的孤寡没有人管，如果只管共产党的孤寡就会出乱子。"④以胡锦涛为首的党中央特别强调农村养老保障体系的建设。党的十六届六中全会通过的《中共中央关于构建社会主义和谐社会若干重大问题的决定》强调，"各级政府要把基础设施建设和社会事业发展的重点转向农村"。还强调："要加快推进新型农村合作医疗，逐步建立农村最低生活保障制度，有条件的

① 中共中央文献研究室. 十四大以来重要文献选编：中［M］. 北京：人民出版社，1997：1375.

② 中共中央文献研究室. 十六大以来重要文献选编：上［M］. 北京：中央文献出版社，2005：22.

③ 中共中央文献研究室. 十七大以来重要文献选编：上［M］. 北京：中央文献出版社，2009：30.

④ 毛泽东文集：第 6 卷［M］. 北京：人民出版社，1999：14.

地方探索建立多种形式的农村养老保险制度，解决好被征地农民的就业和社会保障。”①

关于养老保障水平。毛泽东认为，养老保障水平要与经济发展水平相适应。他指出，生产费、管理费、公积金、公益金“各占多少，应当同农民研究出一个合理的比例”②。邓小平认为要兼顾生产与生活，养老保障也要适度。他指出：“我们只能在发展生产的基础上逐步改善生活。发展生产，而不改善生活，是不对的；同样，不发展生产，要改善生活，也是不对的，而且是不可能的。”③ 在江泽民看来，包括养老保障制度在内的社会保障制度要适应社会主义市场经济和新的就业机制。1998 年 5 月，江泽民指出，必须“逐步建立和完善适应社会主义市场经济发展要求的新的就业机制，建立和完善适应新的就业机制的社会保障制度”④。胡锦涛在党的十六届六中全会第二次全体会议上强调：“建立健全同经济发展水平相适应的社会保障体系，是保障群众生活的现实需要，也是推进改革发展、保持社会和谐稳定的重要保障。”⑤ 习近平认为，要“建立更加公平可持续的社会保障制度……积极应对人口老龄化，加快建立社会养老服务体系和发展老年服务产业”⑥。

---

① 中共中央文献研究室. 十六大以来重要文献选编：下［M］. 北京：中央文献出版社，2008：705.

② 毛泽东文集：第 7 卷［M］. 北京：人民出版社，1999：30.

③ 邓小平文选：第 2 卷［M］. 北京：人民出版社，1994：257-258.

④ 中共中央文献研究室. 十五大以来重要文献选编：上［M］. 北京：人民出版社，2000：369.

⑤ 中共中央文献研究室. 十六大以来重要文献选编：下［M］. 北京：中央文献出版社，2008：688.

⑥ 中国共产党中央委员会. 中共中央关于全面深化改革若干重大问题的决定［N］. 人民日报，2013-11-16（001）.

关于养老保障方法。早在1922年5月，毛泽东就提出："那些六十以上不能卖力的人，应该给予他一点救命的食物。一个人在'老''少'两段不能做工的时候应该都有一种取得保存他生命的食物的权利，这就是生存权。"①在此基础上，毛泽东提出了"老病保养权"②。在中华人民共和国成立后，毛泽东认为土地是农民养老的根本保障，因此实行了土地改革和农业生产合作化给予农民基本养老保障，同时建立了"五保供养制度"。邓小平特别强调家庭在养老保障中的作用。他指出："我们还要维持家庭。全国有多少老人，都是靠一家一户养活的。中国文化从孔夫子起，就提倡赡养老人。"③胡锦涛十分强调社会养老保障制度的完善在养老保障中的地位和作用。他在党的十八大报告中指出，要"整合城乡居民基本养老保险和基本医疗保险制度……扩大社会保障基金筹资渠道，建立社会保险基金投资运营制度，确保基金安全和保值增值……积极应对人口老龄化，大力发展老龄服务事业和产业"④。习近平在党的十九大报告中指出，要"积极应对人口老龄化，构建养老、孝老、敬老政策体系和社会环境，推进医养结合，加快老龄事业和产业发展"⑤，"完善城镇职工基本养老保险和城乡居民基本养老保险制度，尽快实

---

① 毛泽东文集：第1卷［M］．北京：人民出版社，1993：8-9.

② 毛泽东文集：第3卷［M］．北京：人民出版社，1996：232.

③ 中央文献研究室．邓小平年谱1975-1997：［M］．北京：中央文献出版社，2004：1338.

④ 胡锦涛．坚定不移沿着中国特色社会主义道路前进 为全面建成小康社会而奋斗［N］．人民日报，2012-11-18（001）.

⑤ 习近平．决胜全面建成小康社会 夺取新时代中国特色社会主义伟大胜利——在中国共产党第十九次全国代表大会上的报告［M］．北京：人民出版社，2017：48.

现养老保险全国统筹"①。

三、西方经济学相关理论

养老保障体系研究不仅仅需要以马克思主义作为理论指导，同样需要借鉴西方经济学、社会学的相关理论。在此，对本研究可能涉及的西方经济学理论做一介绍，主要包括制度经济学与福利经济学的相关理论。

（1）制度经济学。诺斯（1990）认为，制度"是一些人为设计的、形塑人们互动关系的约束"②。在他看来，制度变迁的原因在于"改变协定或契约将能使一方甚至双方的处境得到改善"③。根据制度变迁方式和原因的不同，可将制度变迁分为四种类型：渐进式制度变迁与激进式制度变迁、诱致性制度变迁与强制性制度变迁④。制度经济学的相关理论可用来分析大寨村养老保障体系的历史演进。

（2）福利经济学。福利经济学家庇古认为，经济福利主要受两个因素影响：国民所得及国民所得的分配公平程度。"国民所得的增加不仅立即会，而且最终也会增加经济福利"⑤；在国民所得不缩减的情况下，"任何使穷人手中实际收入的绝对份额增加的因素……一

---

① 习近平. 决胜全面建成小康社会 夺取新时代中国特色社会主义伟大胜利——在中国共产党第十九次全国代表大会上的报告［M］. 北京：人民出版社，2017：47.

② 道格拉斯·C. 诺斯. 制度、制度变迁与经济绩效［M］. 杭行，译. 上海：格致出版社，2014：3.

③ 道格拉斯·C. 诺斯. 制度、制度变迁与经济绩效［M］. 杭行，译. 上海：格致出版社，2014：102.

④ 冯兰. 新型农村社会养老保险的供需研究［D］. 武汉：华中农业大学，2013：22.

⑤ A. C. 庇古. 福利经济学：上卷［M］. 朱泱，张胜纪，吴良健，译. 北京：商务印书馆，2006：96.

般说来就增加经济福利”①。而在总量不变的国民收入中，由于边际效用影响，国民收入分配越平均，则国民福利越大。在该理论基础上，庇古提出，政府可通过健全社会福利相关制度来提高国民福利②。福利经济学指出了建立健全社会福利制度的重要性。

四、社会学相关理论

社会学由实证主义哲学家孔德与斯宾塞创立，后被涂尔干、韦伯、莫斯、滕尼斯、麦肯齐等人不断发展。它通过某种角度，对人及人与社会的关系进行综合性研究。其研究范围包括社会与文化、社会化、社会交往、社会群体和社会组织、社会分层与社会流动、社会规范与社会控制、社会结构与社会变迁、城乡社区与城市化、社会现代化、社会心理等领域。在此，对于本研究可能会涉及的社会学的研究方法及相关理论观点做一介绍。

社会学的研究方法主要包括调查研究、实验研究、实地研究和文献研究等，每一种研究方法都有一套自己的基本要素。其中，调查研究的基本要素包括抽样、问卷、统计分析等，实地研究包括参与观察、研究者的角色、投入理解等，文献研究包括内容分析、编码与解码、二次分析等③。在对大寨村进行调研时，本研究借鉴了社会学的调查研究、实地研究、文献研究等方法。

家庭是社会学研究的一个重要领域，中西方社会学家对家庭的

---

① A. C. 庇古. 福利经济学：上卷 [M]. 朱泱，张胜纪，吴良健，译. 北京：商务印书馆，2006：101.

② 杨清哲. 人口老龄化背景下中国农村老年人养老保障问题研究 [D]. 长春：吉林大学，2013：28.

③ 易益典，李峰. 社会学教程 [M]. 上海：上海人民出版社，2007：450.

定义、作用等进行了大量研究。中国著名社会学家费孝通认为："二性是关系，夫妻是制度，婚姻是文化。"① 美国社会学家荷顿认为："家庭是一种亲属团体，其目的在于养育儿女和满足人类需要。"② 社会学家将家庭划分为核心家庭、直系家庭、大家庭等，其功能主要有生产功能、生育功能、抚育功能、赡养功能、教育功能、消费功能等。

社区是社会学研究的另一个重要领域。如前所述，早在 1887 年，社会学家 F. 滕尼斯便于《共同体与社会：纯粹社会学的基本概念》一书中对"社区"与"社会"两个概念进行了区分。美国社会学家帕克认为，社区有一群按地域组织起来的人群，其中的每个人都与他人有紧密的联系。社会学家们认为，社区主要的构成要素包括人口、地域、生活服务体系、独特的生活方式和文化体系、组织管理系统、地缘认同感等。研究社区的理论主要有类型学理论和区位学理论。类型学理论是将现实的社会关系进行高度抽象，制定出两个极端类型，并将现实关系与之进行比对，从而达到科学认识③。区位学理论则主要研究都市社区中人类活动的空间分布，抽象程度较低。

① 易益典，李峰. 社会学教程［M］. 上海：上海人民出版社，2007：147.

② 易益典，李峰. 社会学教程［M］. 上海：上海人民出版社，2007：148.

③ 易益典，李峰. 社会学教程［M］. 上海：上海人民出版社，2007：213.

小　结

本章对养老、养老保障、养老保障体系等基本概念进行了界定与辨析；同时回顾总结了马克思主义经典作家、中国化马克思主义、西方经济学及社会学关于养老保障的相关思想和理论。

养老，指政府、团体及个人对于缺乏行为能力的老年人的赡养行为。本书中将老年人确定为60周岁以上的公民。养老保障，指以何种方式保障养老，它与养老的不同之处主要在于二者的对象范围不同。对于家庭养老保障、居家养老服务、社区养老保障、社会养老保障等概念，本章也进行了相应的辨析。

无论是马克思、恩格斯、列宁等马克思主义经典作家，还是毛泽东、邓小平、江泽民、胡锦涛、习近平等中国优秀共产党人，都将包括养老保障在内的社会保障视为一个社会稳定的重要保证。在养老保障对象上，他们强调养老保障应针对全体国民。在养老保障水平上，马克思主义认为，养老保障水平要与经济发展水平相适应。在养老保障方法上，列宁提出应建立专门的保险组织，毛泽东提出了“五保供养”制度，邓小平强调家庭养老，胡锦涛指出要完善社会养老保障制度。

西方经济学中，诺斯等制度经济学家将制度作为经济社会发展中的重要因素，并界定了渐进式制度变迁与激进式制度变迁、诱致性制度变迁与强制性制度变迁，有助于我们分析大寨村养老保障体系的历史演变。福利经济学家庇古认为，经济福利主要受两个因素影响：国民所得及国民所得的分配公平程度，政府可通过健全社会福利相关制度来提高国民福利。

社会学的研究方法主要包括调查研究、实验研究、实地研究和文献研究等。在对大寨村进行调研时，本研究借鉴了社会学的调查研究、实地研究、文献研究等方法。社会学关于家庭与社区的理论研究成果对于本书的写作也有诸多启发。

第二章　中华人民共和国成立以来农村养老保障的历史演进

马克思主义认为，“历史就是我们的一切，我们比其他任何一个先前的哲学学派，甚至比黑格尔，都更重视历史”①。毛泽东指出：“今天的中国是历史的中国的一个发展；我们是马克思主义的历史主义者，我们不应当割断历史。”②为了深入理解中国农村养老保障，必须考察它的历史沿革。从中华人民共和国成立初期至今，中国农村养老保障经历了四个不同的阶段，整体上呈现出由一元化养老保障（家庭养老）向多元化养老保障（家庭养老+社区养老+社会养老）的演进历程。通过分析农村养老保障的不同阶段及其特征，有助于我们理解它的现状，也有助于展望其未来的发展趋势。中华人民共和国成立以来，农村养老保障的历史变迁是一个不断适应生产力发展水平及社会经济制度变化的过程，正如恩格斯所说，“分配方式本质上毕竟要取决于有多少产品可供分配，而这当然随着生产和社会组织的进步而改变，从而分配方式也应当改变”③。

---

① 马克思恩格斯全集：第3卷［M］. 北京：人民出版社，2002：520.
② 毛泽东选集：第2卷［M］. 北京：人民出版社，1991：287.
③ 马克思恩格斯选集：第4卷［M］. 北京：人民出版社，2012：599.

第一节　小农生产方式下的家庭养老（1949—1955 年）

中华人民共和国成立之后，全国范围内实现了统一的领导。新解放区的土地改革运动被迅速提上日程。1950 年 1 月 24 日，中共中央下达《关于在各级人民政府内设土改委员会和组织各级农协直接领导土改运动的指示》，全国新解放区土地改革的准备工作开始实施。经过党的七届三中全会以及一届政协全国委员会二次会议的讨论，中央人民政府于 1950 年 6 月 30 日通过并颁布实施《中华人民共和国土地改革法》，为土地改革提供了法律保障。从 1950 年冬到 1953 年春，除一些少数民族地区之外，土地改革基本完成。全国 3 亿多无地少地的农民无偿得到了 7 亿亩（约 4 700 万公顷）土地和大量生产资料，在全国范围内基本实现了土地所有权真正归农民所有。

土地改革的完成，对乡村社会是一场深刻的综合性变革，对于农村养老保障同样如此。传统农村往往是地主、宗族控制着大量土地。通过土地改革运动，农村土地得到了重新分配。土地改革运动中共没收、征收了大约 7 亿亩（约 4 700 万公顷）的土地，这些土地被分给了约 3 亿无地或少地的农民；免除了 3 000 万吨以上粮食的土地地租，占全国 60%~70%的农业人口获得了土地[①]，从而废除了封建土地所有制，实现了“耕者有其田”。对于农民而言，土地的拥

① 廖鲁言. 三年来土地改革的伟大胜利［N］. 人民日报，1952-09-28.

有意味着收入来源的获得，意味着基本生活的保障，农村的老年人也可以借此维持自己的生活水平。

这一时期，受传统社会历史文化因素的深远影响，在我国农村社会，扩大家庭[①]仍占据较大比例。扩大家庭人口规模大，劳动力充足，同时极其注重血缘关系及传统道德，在赡养老人方面有诸多优势。与此同时，由于利益有所不同，人口众多的传统扩大家庭极易产生内部矛盾，分家形成主干家庭与核心家庭。即便如此，兄弟分家之后，在传统家庭观念的影响之下，老年人的赡养问题总会得到妥善解决。总而言之，包括扩大家庭、主干家庭与核心家庭等在内的多种家庭形式，都在一定程度上继承着传统的尊老敬老孝老观念以及家庭养老行为[②]。

该阶段，国家也开始探索社会救济等养老保障方式。1949 年通过的《中国人民政治协商会议共同纲领》明确规定："革命烈士和革命军人的家属，其生活困难者应受国家社会的优待。参加革命战争的残废军人和退伍军人，应由人民政府给以适当安置，使能谋生立命。"[③] 1954 年《宪法》规定："劳动者在年老、疾病或者丧失劳动能力的时候，有获得物质帮助的权利。国家举办社会保险、社会救济和群众卫生事业，并且逐步扩大这些设施，以保证劳动者享受

---

① 所谓扩大家庭，指由两对或两对以上夫妇及其未婚子女组成的家庭，它或是父母和已婚子女组成的异代扩大家庭，或是由已婚兄弟多个核心家庭组成的同代扩大家庭。

② 李捷枚. 中国农村养老保障模式变革研究［M］. 北京：中国劳动社会保障出版社，2015：109-111.

③ 中共中央文献研究室. 建国以来重要文献选编（第一册）［M］. 北京：中央文献出版社，1992：7.

这种权利。”①

中华人民共和国成立初期的农村养老保障的特征主要有：首先，养老保障主体以家庭为主。绝大多数农村老人养老主要依靠家庭，家庭成员的物质帮助与精神慰藉是老年人日常生活的重要支撑。其次，土地方式是最主要的保障方式。这一时期，各家各户拥有了自己的土地，在缺乏副业的情况下，土地成了农民养老的主要方式。最后，养老水平非常低。养老水平受困于当时的生产力发展水平，属于最低层次的保障。

第二节　集体农业生产方式下家庭养老与集体养老的结合（1956—1977 年）

1956 年底，三大改造基本完成，社会主义制度基本确立。1958 年，“三级所有，队为基础”的人民公社体制在全国农村基本建立。与此同时，我国的养老保障方式也从单一的家庭养老变为家庭养老与集体养老相结合。

1956 年第一届全国人大三次会议通过了《高级农村生产合作社示范章程》，其中第 35 条规定，对于老弱鳏寡残疾的社员，农业生产合作社要给予适当照顾，使其生养死葬都有依靠。《1956 年到 1967 年全国农业发展纲要》明确提出，“农业合作社对于社内缺乏劳动力、生活没有依靠的鳏寡孤独的社员，应当统一筹划……在生

① 中共中央文献研究室. 建国以来重要文献选编（第五册）［M］. 北京：中央文献出版社，1993：540.

活上给予适当照顾，做到保吃、保穿、保烧、保教、保葬，使这些人的生养死葬都有指靠"[①]。享受保吃、保穿、保烧、保教、保葬的家庭被人们称为"五保户"，形成农村"五保供养"制度的雏形。1964 年"五保供养"制度增加"保住、保医"等内容[②]，使生活无着的孤寡老人获得了更为全面的养老保障。这一制度打破了农村养老保障完全依靠家庭养老保障的状况，加强了集体在农村养老中的责任，使生活无着的老人获得了较为全面的照顾。但是"五保户"制度覆盖面较窄，仅限于生活没有依靠的老人。

这一时期，家庭依然是农村养老的主体，多数老人在家接受子女的赡养，但是由于生产方式已由小农生产变为集体生产，养老保障的物质承担者也由家庭变为了集体。同时，在中央的倡导下，各地试办了多所养老院，将部分五保对象集中供养，形成集中供养与分散供养相结合的养老模式[③]。据统计，1958 年年底，全国范围内办起的养老院数量达到了 15 万所，收养老人数量达到 300 余万人[④]。

这一时期农村养老保障的特征包括：首先，集体成为农民养老保障的物质承担者。由于人民公社体制的存在，当时的老年人除部分"五保户"由集体完全供养外，实际上是由集体提供物质支持，以家庭为单位进行赡养，突出了集体的责任，体现了社会主义的优

① 邱红杰. 我国农村五保供养制度实现历史性转变 公共财政为农村五保户买单 [J]. 农村财务会计，2006 (5)：7.

② 刘苓玲. 中国农村养老保障制度变迁、路径依赖与趋势 [J]. 科学经济社会，2009 (4)：53.

③ 邱红杰. 我国农村五保供养制度实现历史性转变 公共财政为农村五保户买单 [J]. 农村财务会计，2006 (5)：7.

④ 凌文豪. 从一元到多元：中国农村养老模式的变迁逻辑——以生产社会化为分析视角 [J]. 社会主义研究，2011 (6)：79.

越性。其次，制度的非规范性突出。当时的农村养老保障体系尽管注重集体责任，但由于缺乏法律支撑，制度非规范性特别严重，极容易受相关负责人个人意志及其偏好的影响。

第三节 经济转轨时期家庭养老的复归与新型养老方式的探索（1978—1991 年）

1978—1991 年，是中国从计划经济向市场经济转轨时期。这一时期，农村逐步推进家庭联产承包责任制改革。各地农村在保留必要的集体经济的同时，由农户以家庭为单位承包土地，独立完成经营决策。该制度改变了农民公社时期集体经营、平均分配的生产分配方式，赋予了农民较大的经营自主权，极大地促进了农村生产力发展，提高了农民收入水平。而这一制度也对农村养老保障体系产生了重大影响，它恢复了农村家庭的土地保障，同时也使得家庭成为农村养老保障的主要的物质承担者。这一时期，除了“五保户”外，大多数老人依靠家庭进行养老。与此同时，少数农村地区努力探索养老金方案，养老保险基金来源为集体企业利润和公益金。民政部从 1986 年开始在部分农村进行了社会养老保险试点，不过当时的主要重点是建立乡镇企业职工养老保险①。一些新的养老方式也在发展之中，但没有形成制度性的规定。与城市相比，农村养老保障水平仍处于较低水平。

① 刘苓玲. 中国农村养老保障制度变迁、路径依赖与趋势［J］. 科学经济社会，2009（4）：53.

这一时期农村养老保障的特征包括：首先，家庭重新成为农民养老保障的物质承担者。在计划经济时期，集体是农民养老保障的物质承担者。经济转轨时期，随着家庭联产承包责任制改革，家庭取代集体重新成为农民养老保障的物质承担者。其次，社会养老保障体系不健全。在该阶段，部分农村进行社会养老保险试点，但就全国而言，并未形成健全的社会养老保障体系。

第四节　市场经济体制下多元化养老保障体系的逐步形成（1992 年至今）

1992 年之后，中国逐步确立了社会主义市场经济体制，农村养老保障也在完善之中。1992 年，民政部出台《县级农村社会养老保险基本方案（试行）》，要求以“坚持资金个人交纳为主，集体补助为辅，国家予以政策扶持”为原则，发展社会养老保险[①]。这一方案从总体上对我国农民养老保险做了原则性规定，为建立新型的农村养老保障方式进行了初步探讨[②]。1993 年，党的十四届三中全会提出要建立与生产力发展水平相适应的包括社会保险、社会救济、社会福利等在内的多层次的社会保障体系。1993—1995 年，国务院成立了农村社会养老保险管理机构。1994 年，国务院根据“五保户”制度实施的具体情况，颁布《农村五保供养条例》，首次明确

① 张晖，何文炯. 中国农村养老模式转变的成本分析［J］. 数量经济技术经济研究，2007（12）：83-84.

② 公维才. 中国农民养老保障论［M］. 北京：社会科学文献出版社，2007：69.

了“五保”供养的性质、对象、内容等多方面问题，使“五保”制度规范化[①]。1995年召开的全国农村社会养老保险工作会议，提出争取在2000年建立全国农村养老保险制度。1999年7月，国务院根据各地反映出来的诸多情况和问题，提出农村尚不具有开展社会养老保险的基本条件，决定对已有保险进行整顿，并要求有条件的地方逐步向商业保险过渡[②]。至此，农村社会养老保险步入规范整顿时期。2009年9月，国务院发布了《国务院关于开展新型农村社会养老保险试点的指导意见》。自此，新农保在全国范围内迅速建立起来。2014年2月，国务院发布《国务院关于建立统一的城乡居民基本养老保险制度的意见》，决定将新农保和城居保两项制度合并实施，在全国范围内建立统一的城乡居民基本养老保险制度[③]。另外，各种养老社会服务机构逐步发展，与养老保障高度相关的新型农村合作医疗制度及其他社会保障制度也逐步成型。总体上看，中国现在已初步形成了由家庭养老保障与社会养老保障相结合的农村养老保障体系，而不同地区的社区养老保障则由于经济社会发展水平的不同而存在较大差异。

这一时期的农村养老保障的特征包括：首先，社会化程度明显提高。与经济转轨时期相比，这一时期，全国范围内逐渐形成健全的养老保障体系，农民养老保障不再仅仅依靠家庭，而是更多地依靠社区、政府及其他社会组织，社会化程度有了明显提高。其次，

① 许亚敏. 我国农村养老保障事业发展的历程、现状与政策取向研究——基于制度分析的视角 [J]. 社会保障研究，2009 (6)：20.

② 许亚敏. 我国农村养老保障事业发展的历程、现状与政策取向研究——基于制度分析的视角 [J]. 社会保障研究，2009 (6)：20.

③ 国务院关于建立统一的城乡居民基本养老保险制度的意见 [J]. 中国劳动，2014 (3)：59.

制度规范程度加强。当前，中国已建立新型农村社会养老保险制度，并在探索建立城乡居民基本养老保险制度，同时，对于社会养老服务机构也做出了相关规定，制度的规范化程度明显增强，受相关部门负责人个人意志及其偏好影响的程度降低。

小　结

本章阐述了中华人民共和国成立以来农村养老保障发展的历史演进过程。笔者认为，中华人民共和国成立至今，中国农村养老保障的发展经历了四个时期：小农生产方式下的家庭养老（1949—1955 年）、集体农业生产方式下的集体养老与家庭养老的结合（1956—1977 年）、经济转轨时期家庭养老的复归（1978—1991 年）、市场经济体制下多元化养老保障体系的逐步形成（1992 年至今）。1949—1955 年，农民拥有了土地保障，但养老保障主体仍以家庭为主，养老水平非常低。1956—1977 年，在人民公社制度下，集体成为农民养老保障的物质承担者，集体养老与家庭养老同时并存，同时形成了“五保户”等社会福利制度，但制度的非规范性突出。1978—1991 年，养老保障的责任由集体变为家庭，新的养老保障方式逐渐发展，但社会养老保障体系仍不健全。1992 年至今，农村养老保障体系进一步完善，社会化程度明显提高，制度规范程度加强。

第三章 中国农村养老保障的现实考察

回顾历史，归根结底是为了更好地分析现实。本章将宏观分析与微观分析相结合，系统地阐述中国农村养老保障事业的成就及问题。

第一节 宏观分析

一、中国农村养老保障事业的成就

近些年来，随着相关工作的开展，中国农村养老保障事业取得了较大成绩，主要表现在以下几个方面：

（一）新型农村社会养老保险在全国范围内普及

2009 年 9 月，国务院发布了《国务院关于开展新型农村社会养老保险试点的指导意见》，要求按照“保基本、广覆盖、有弹性、可持续”的基本原则，开展新型农村社会养老保险试点。国务院明确提出要求：“2009 年试点覆盖面为全国 10%的县（市、区、旗），以后逐步扩大试点，在全国普遍实施，2020 年之前基本实现对农村适龄居民的全覆盖。”[①] 根据统计，2010 年底，“新农保”的覆盖范围达到 1.43 亿农民；2011 年底，“新农保”参保人数已达 3.26 亿，占到农村人口总数的 48%[②]；2012 年 7 月，“新农保”在全国所有县级行政区全面实施，9 月基本实现“新农保”的全覆盖[③]。

除全覆盖外，“新农保”还有保障基本生活、政策弹性大、制度吸引力强这三大特征：中央根据当前经济发展水平及财政承受能力，确立了 55 元的最低标准基础养老金，在保障农民基本生活的同时，也确保该制度可以顺利推进；“新农保”有 100 元~500 元 5 个缴费档次，弹性比较大，满足了不同缴费档次的需求；国家全额支付最低标准基础养老保障金，地方财政对居民缴费实行不少于每年 30 元的补贴政策[④]，既给予了现有农村老人一定的物质帮助，又吸引了农民的参保热情，提高了制度吸引力。在数年的实施时间内，“新农保”给予了农民大量实惠，为接下来统一的城乡居民基本养老保险制度的建立奠定了良好的基础。

（二）探索建立统一的城乡居民基本养老保险制度

在“新农保”和“城居保”顺利推进的基础上，2014 年 2 月，国务院发布《国务院关于建立统一的城乡居民基本养老保险制度的

① 国务院. 国务院关于开展新型农村社会养老保险试点的指导意见 [N]. 人民日报, 2009-09-08 (008).

② 谈甜. 我国农村新型社会养老保险全覆盖问题探究 [J]. 边疆经济与文化, 2014 (1): 27.

③ 农保司. 巩固、完善、提高、推动城乡居民养老保险工作再上新台阶 [EB/OL]. http://www. mohrss. gov. cn/ncshbxs/NCSHBXSgongzuodongtai/201305/t20130531_104217. htm, 2013-05-13.

④ 农保司. 巩固、完善、提高、推动城乡居民养老保险工作再上新台阶 [EB/OL]. http://www. mohrss. gov. cn/ncshbxs/NCSHBXSgongzuodongtai/201305/t20130531_104217. htm, 2013-05-13.

意见》，决定将“新农保”和“城居保”两项制度合并实施，在全国范围内建立统一的城乡居民基本养老保险制度。该意见要求：“‘十二五’末，在全国基本实现新农保和城居保制度合并实施，并与职工基本养老保险制度相衔接。2020 年前，全面建成公平、统一、规范的城乡居民养老保险制度。”①

该制度以“全覆盖，保基本，有弹性，可持续”为方针，养老保险基金由个人缴费、集体补助、政府补贴构成，养老保险待遇包括基础养老金和个人账户养老金。在养老保险基金中，个人缴费分为 100 元至 2 000 元 12 个档次，政府对于符合领取城乡居民养老保险待遇条件的参保人全额支付基础养老金，地方政府对于选择最低缴费标准的，补贴标准不低于每人每年 30 元，而对于选择 500 元以上缴费标准的，补助标准不低于每人每年 60 元。在养老保险待遇中，中央确定基础养老金最低标准，地方人民政府可适当提高；个人账户养老金按月发放，目前为个人账户全部储存额除以 139。统一的城乡居民基本养老保险制度的实施，将促进养老资源在城乡居民之间的均等化。

（三）《老年法》修订实施

在新的社会历史条件下，根据老年人权益保障的实际，第十一届全国人大常委会第三十次会议表决通过了修订后的《中华人民共和国老年人权益保障法》（简称《老年法》，全书同），该法于 2013 年 7 月 1 日起正式实施。这部法律对于中国农村养老保障具有里程碑式的意义。

---

① 国务院. 国务院关于建立统一的城乡居民基本养老保险制度的意见［J］. 中国劳动，2014（3）：59.

新《老年法》从家庭赡养、社会保障、社会服务、社会优待、宜居环境、参与社会发展、法律责任等方面对老年人权益保障做出了规定。家庭赡养方面，该法规定，居家养老是老年人养老的基础，赡养人“应当履行对老年人经济上供养、生活上照料和精神上慰藉的义务，照顾老年人的特殊需要”①。社会保障方面，该法明确指出，“积极应对人口老龄化是国家的一项长期战略任务”②，国家要建立包括基本养老保险制度、基本医疗保险制度、老年人福利制度等在内的多层次的社会保障体系，各级人民政府要负责编制规划，将包括养老在内的老龄事业经费列入财政预算，建立稳定的经费保障机制。社会服务方面，该法规定，相关部门要采取措施促进城乡养老机构发展，建立适应老年人需要的服务设施和网点。社会优待方面，该法规定，各级政府和有关部门要提供条件，便利老年人领取养老金、结算医疗费及享受其他服务，博物馆、美术馆等要对老年人免费开放。宜居环境方面，该法规定，“国家推动老年宜居社区建设，引导、支持老年宜居住宅的开发，推动和扶持老年人家庭无障碍设施的改造”③。参与社会发展方面，该法规定，国家创造条件鼓励老年人参与文化教育、科技研发、社会公益等活动。法律责任方面，该法对各项侵犯老年人权益的违法行为做出了处罚规定。《老年法》的修订实施将会在法律上进一步规范农村养老保障体系。

① 中华人民共和国老年人权益保障法［J］. 中华人民共和国全国人民代表大会常务委员会公报，2013（1）：31.

② 中华人民共和国老年人权益保障法［J］. 中华人民共和国全国人民代表大会常务委员会公报，2013（1）：30.

③ 中华人民共和国老年人权益保障法［J］. 中华人民共和国全国人民代表大会常务委员会公报，2013（1）：35.

二、中国农村养老保障存在的问题

当前中国农村养老保障事业取得了一系列的成就，但与此同时，也面临许多问题，具体包括：家庭养老保障面临家庭小型化、农村空心化、老龄化及传统养老观念弱化等多方面挑战；新农保保障水平低；农村养老服务机构供给不足、地区差距较大；养老保障体系缺乏法律支撑等。由于上述问题的叠加存在，相比于城镇居民、城乡接合部居民，农村居民更为担心养老问题。根据国务院发展研究中心课题组发布的《中国民生调查（2017）》，2016 年，农村受访者中，很担心养老的比例达到 28.47%，比城镇和城乡接合部受访者分别高出 5 个百分点和 7 个百分点；同时，农村受访者不担心养老的比例为 26.63%，比城镇和城乡接合部受访者分别低 5 个百分点和 4 个百分点①。

（一）家庭养老保障面临挑战

家庭养老保障作为中国一种传统的养老保障方式，是自给自足的小农生产方式的产物，在思想观念上，则有孝道文化作为支撑。它是传统农村养老保障的基础，数千年来，在农村老人的赡养中发挥了至关重要的作用。以邓小平为代表的中国共产党人也非常强调家庭在养老保障中的作用。邓小平曾指出："欧洲发达国家的经验证明，没有家庭不行，家庭是个好东西。都搞集体性质的福利会带来

① 国务院发展研究中心课题组. 中国民生调查（2017）［M］. 北京：中国发展出版社，2017：89.

社会问题，比如养老问题，可以让家庭消化。”① 但是，随着时代的变迁，家庭养老保障功能逐渐弱化。目前，农村家庭养老保障面临家庭小型化、农村空心化、老龄化及传统养老观念弱化等多方面挑战。

首先，由于经济社会发展及计划生育政策的实施，农村家庭子女数量大幅度减少，直接削弱了家庭养老的能力②。经济社会转型促使以祖辈或父辈为利益核心的大家庭向以父辈或子辈为利益核心的小家庭转变③，家庭规模普遍缩小。自 20 世纪 70 年代起普遍实行的计划生育政策，造就了大量的少子女或无子女家庭，这些家庭的养老保障能力被严重削弱。

其次，农村的空心化、老龄化对农村家庭养老保障产生了不利影响。改革开放以来，城乡差距逐步扩大。在经济利益的诱导之下，大量农民从农村迁移至城市，众多资金从农村转移到城市，广大农村出现空心化趋势。同时，在迁移过程中，有先青年后老年的现象，加快了农村人口的老龄化速度，也使得众多留守老人无法得到良好的精神慰藉和生活照料。在空心化、老龄化的双重影响下，农村家庭养老保障面临养老主体不足的挑战。

最后，随着市场经济发展以及西方文化的侵袭，“养儿防老”等传统养老观念受到冲击，家庭养老保障缺乏思想支撑。在中国农村的传统观念中，家庭是基本的利益单位，家庭利益至上、父慈子孝

---

① 中共中央文献研究室. 邓小平年谱：1975-1997 [M]. 北京：中央文献出版社，2004：1338.

② 熊凤水. 中国农村养老理念的嬗变与创新 [J]. 甘肃社会科学，2013 (4)：58.

③ 赵秋成，林群. 转型期中国农村家庭养老社会资本的衰萎 [J]. 东北财经大学学报，2014 (3)：4.

是基本的伦理道德。改革开放以来，市场经济得到了迅猛发展，与其相伴的利己主义观念也侵蚀着人们的内心。与此同时，追求自由、享乐的西方文化在中国泛滥，对孝文化产生了巨大冲击，缺乏思想支撑的家庭养老保障功能被进一步弱化。

（二）新农保保障水平低

自2009年开始实施的新农保，已基本在全国农村普及。在为农村老年人提供一定的养老保障的同时，新农保（后被合并为统一的城乡居民基本养老保险制度，不再赘述）也体现出保障水平较低的弱点，影响了农民对制度的忠诚度。

首先，对于已到养老金获取年龄的老人，55元的最低标准基础养老金，明显无法维持其基本生活水平，无法满足他们的基本养老需要。再加上物价持续上涨、基金流失等因素，养老金所能起到的作用更为有限。

其次，对于应缴纳保费的农民而言，多数农民缴纳保费较低。张俊英（2013）① 在对河南省南乐县的调研中发现，该县90%以上的参保对象选择了100元的最低缴费档次；王为闰、周葆生（2012）② 在对安徽省凤阳县的调研中发现，147 487个样本中，总计缴纳保费17 192 100元，平均缴纳保费仅为116. 57元，而在某些社区中，甚至出现参保人全部缴纳最低档次保费的情况。其原因一方面在于农民收入有限，无法缴纳大量保费，另一方面在于地方财政对于缴纳高保费的主体养老保险补贴较少，致使缴纳不同档次保

① 张俊英. 南乐县新农保工作存在的问题与对策分析［J］. 人才资源开发，2013（7）：38.

② 王为闰，周葆生. “新农保”试行的实证分析——基于凤阳县的调查研究［J］. 安徽农业大学学报（社会科学版），2012（4）：12.

费的农民所获得的财政补贴相差不多。较低的保费也会影响农民将来的养老金水平。在家庭养老面临诸多挑战的情况下，保障水平较低的新农保无法完全满足农村养老的需要，难以缓解居民对未来养老的担心，从而降低了新农保制度的吸引力，影响了统一的城乡居民基本养老保险制度的实施。根据相关统计，2016 年，保障方式为新农保的受访者不担忧养老的比例仅为 28.93%[①]。

（三）农村养老服务机构供给不足、地区差距较大

近年来，农村养老服务机构有了较大发展，但与实际需要相比，无论是数量还是质量，都存在供给不足的问题。

首先，在数量上，农村养老服务机构规模有限。目前，农村养老服务机构多以公办的敬老院为主，民办数量较少。从总体数量上看，截至 2016 年年底，农村养老服务机构 15 398 个，床位 179.9 万张[②]。按照国际通行的 5%的老年人需要进入养老服务机构的标准，我国农村养老服务机构至少需要 500 多万张床位[③]，缺口达到 200 多万张。

其次，在人员素质，服务水平及居住条件等方面，现有机构难以令人满意。在人员素质方面，农村养老服务机构职工素质偏低，2016 年年底，具有大学本科及以上学历的职工所占比例仅为 3.31%，

① 国务院发展研究中心课题组. 中国民生调查（2017）［M］. 北京：中国发展出版社，2017：90.

② 中华人民共和国民政部. 中国民政统计年鉴 2017［M］. 北京：中国统计出版社，2017：107-108.

③ 张云英，刘艳斌. 农村社会化养老服务组织及其体系研究述评［J］. 湖南农业大学学报（社会科学版），2014（1）：54.

社会工作师与助理社会工作师所占比例分别仅为0.74%、1.15%[①]。李超（2014）[②] 在调研中发现，河北省农村互助幸福院的负责人多由村干部兼任，专业人员极少。在居住条件方面，现有机构条件简陋，入住率不高，闲置床位多达22%[③]。在服务水平方面，现有农村养老机构多提供衣食、居住、医疗等低层次服务，对于文化娱乐、自我实现等高层次服务重视程度不足。有些机构的老年人被集中管理，缺乏表达个人意志的机会、自由的空间和欢愉的氛围。

最后，不同地区，由于经济发展水平存在差距，农村养老服务机构的发展也不均衡。东部发达地区的社会养老服务机构因有财力支持，发展较好；中西部经济欠发达地区，则发展较差。按照人均计算，2016年年底，农村养老机构床位数最多的三个省份（含自治区、直辖市）是北京、上海、江苏，床位数分别达到18.13张/千人、14.10张/千人、8.05张/千人；农村养老机构床位数最少的三个省份（含自治区、直辖市）是广西、海南、西藏，床位数分别只有0.17张/千人、0.22张/千人、0.33张/千人[④]。

（四）养老保障缺乏法律支撑

近年来，中国在养老保障领域做了大量工作，如普及了新农保和城居保，探索建立了一套统一的城乡居民基本养老保险制度，国务院也发文鼓励养老服务机构的发展，全国人大常委会还针对实际

---

① 中华人民共和国民政部. 中国民政统计年鉴2017［M］. 北京：中国统计出版社，2017：331.

② 李超. 农村养老服务供给现状、问题及对策分析——以河北省为例［J］. 老龄科学研究，2014（4）：40.

③ 张云英，刘艳斌. 农村社会化养老服务组织及其体系研究述评［J］. 湖南农业大学学报（社会科学版），2014（1）：54.

④ 根据《中国统计年鉴2017》与《中国民政统计年鉴2017》相关数据整理计算而得。

情况对《老年法》做了修订。

但是《老年法》对养老问题的规定仅限于原则上的指导，细节问题还存在空白，执行效力也有所欠缺。例如，该法第五条规定，“国家建立多层次的社会保障体系”①，第二十八条与第二十九条规定，国家通过基本养老保险制度与基本医疗保险制度保障老年人的基本生活与基本医疗需要，但是对于包括基本养老保险制度与基本医疗保险制度在内的社会保障体系的具体内容、基本机制与实施细则都没有做出详细规定，容易造成实施过程中的敷衍了事；又如，该法第三十七条规定，“地方各级人民政府和有关部门应当采取措施，发展城乡社区养老服务”②，但对于措施的具体内容、城乡社区养老服务发展的总体要求与具体目标都未进行表述。

另外，迄今未有一部专门的关于养老保障的法律，与严峻的老龄化形势形成尖锐的矛盾，对于养老保障体系的完善与法治社会的建设都产生了不利影响。

第二节　微观分析

毛泽东同志十分重视调查研究，他指出，“要了解情况，唯一的方法是向社会作调查”③，“你完完全全调查明白了，你对那个问题

① 中华人民共和国老年人权益保障法［J］. 中华人民共和国全国人民代表大会常务委员会公报，2013（1）：31.

② 中华人民共和国老年人权益保障法［J］. 中华人民共和国全国人民代表大会常务委员会公报，2013（1）：33.

③ 毛泽东选集：第3卷［M］. 北京：人民出版社，1991：789.

就有解决的办法了"[①]。为了深入研究中国农村养老保障事业的现状，笔者选择山西省大寨村作为调研对象，对该村进行了长达十天的实地调研，系统了解了该村养老保障事业发展的实际情况。

一、山西省大寨村村庄概况与选择依据

（一）村庄概况

大寨村位于山西省昔阳县中部、县城东南5千米的虎头山下，因古时有军队驻扎于此而得名。村域面积2平方千米，与武家坪、金石坡等村交界。2014年，大寨村有居民229户，总人口535人，耕地761亩（含退耕还林地249亩）（1亩≈667平方米）。大寨村为昔阳县大寨镇政府驻地，是其政治、经济、文化中心。

民国时，大寨村是一个贫穷落后的小山村，全村仅有700多亩土地，且分割为4 700多块，其中40%掌握在四户地主手中。恶劣的自然条件与土地高度集中的封建剥削制度，迫使广大贫苦农民为地主打短工、做长工，挣扎在死亡线上。

大寨村于1945年解放，1946年开始组织互助组，1953年办起初级农业生产合作社，1956年成立高级社，1958年加入人民公社。在党的领导下，大寨村群众齐心协力，治山治水，取得了很大成绩。经过二十多年艰苦奋斗，该村将700多亩低质土地改造为400亩保水保墒、抗旱高产的"海绵田"和360亩保土、保水、保肥的水平梯田。与此同时，村民生活水平不断提高，全村经济总收入由1953年的1.76万元增至1978年的18.56万元，人均收入由40.5元提高

① 毛泽东选集：第1卷［M］. 北京：人民出版社，1991：110.

至 186 元。

1964 年，毛泽东对大寨村（当时的大寨大队）进行了肯定和赞扬，并号召“农业学大寨”。在此号召之下，“农业学大寨”运动在全国农村轰轰烈烈展开。至 1978 年止，这场运动进行了将近 15 年，参与群众达到数亿之多，是中华人民共和国成立以来持续时间最长的一次农民运动。这次运动促进了全国各地的农田水利建设，其中蕴含的“自力更生、艰苦奋斗”的大寨精神、“理论联系实际，干部参与生产”的工作作风依然值得当代人借鉴和学习。这次运动对于大寨村也产生了深远影响，使其由一个名不见经传的小村庄变为闻名遐迩的先进典型。根据《大寨村志》记载，从 1964 年到 1980 年，共有 134 个国家和地区的 2 344 批 25 633 人参观访问大寨村。

改革开放之后，大寨人汲取本村及其他地区的经验与教训，积极发展多种产业，经济建设得到了迅速发展。从 1992 年至今，大寨村先后成立了经济开发总公司、大寨贸易公司、山西大寨饮品有限公司、大寨羊毛衫厂等，建成了生态观光园与大寨二级旅游公路，开发了虎头山风景区，促进了三大产业发展。2011 年年底，大寨村经济总收入达到 4.6 亿元，人均年收入 12 600 元，上缴国家税金 2 200万元。2013 年年底，大寨村人均年收入突破 18 000 元，比当年全国农民人均收入高出 9 100 多元。

在经济迅速发展的同时，大寨村的社会建设也取得了显著成就。住房方面，从 1998 年至今，先后建起新式别墅 57 幢、六层单元楼 1 栋，全村实行集中供暖，解决了村民的住房、供暖问题。教育方面，大寨村有幼儿园一所、小学一所、中学一所，村民基本在本地上学，同时设立奖助学金，大寨村村民的孩子从上幼儿园到小学毕业全部免费，大学生享受奖学金制度，本科生每人每年1 000元。就业及村民福利待遇方面，大寨村村民多数在村办企业就业，每月最低收入达到1 500元；村集体每年年底给村民发放1 000元公益金，为他们分发一定数量的米、面、油、肉、饮料等；同时，大寨村村民还可以得到大寨集团一定的分红。总体上，大寨村实现了“五有”和“五化”。“五有”：小有教、老有靠、学有奖、住有楼、行有车；“五化”：房子新化、街道硬化、供暖气化、环境美化、管理民主化。

另外，大寨村非常重视文化建设，其成就主要包括文物保护、历史总结、民俗教化三个方面。首先，大寨村对于“农业学大寨”时期的诸多文物，如陈永贵故居、名人陈列馆等进行了完善的保护。陈永贵故居陈列着大量鲜为人知的珍贵照片及陈永贵同志曾使用过的实物，充分展示了他不屈不挠、艰苦奋斗的光辉历程；名人遗踪馆又称名人陈列馆，展示了众多来访贵宾的宝贵实物、珍贵照片、题词墨宝等。其次，大寨村注重历史总结，建成并开放了大寨展览馆和文化展示馆。大寨村于1996年建成并开放的大寨展览馆新馆，集中展示了“农业学大寨”时期和新时期大寨人“自力更生、艰苦奋斗”的历史，对于游客和村民都有较大的启示意义；于2002年建成并开放的文化展示馆，把许多文化界人士在大寨村的生活、工作场景呈现于游客面前，把大寨人抗洪救灾的事迹展示于众人面前，对后人回望大寨、情系农村发挥了一定的作用。最后，大寨村致力于村民文化生活的丰富与精神风貌的改善。村集体投资建成占地近4 000平方米的文化广场，并于这里举办“申奥联会”“激情广场”等大型演唱会，丰富了村民及附近民众的文化生活；大寨村根据自己的实际情况制定了《大寨村村规民约》，详细规定了村民在社会治安、消防安全、村风民俗、邻里关系、婚姻家庭等方面所应遵循的基本规则；另外，大寨村还在村路旁修建起一系列宣传墙，展示了该村的奋斗历史，使村民得到了教育。

养老保障是改革开放之后大寨村进行全方位建设的一个亮点，同时它也建立于大寨村经济、文化、社会建设的基础之上。大寨村的经济建设为养老保障事业的发展奠定了较好的物质基础，使得该村可以在这一事业上投入较多的资金；大寨村的文化建设与社会建设则分别为养老保障事业的发展创造了深厚的精神基础与良好的社会氛围。

1983 年，大寨村土地实行家庭承包经营后，养老保障的主要物质承担者由村集体重新变为家庭。家庭成员对于家中老年人承担经济上供养、生活上照料、精神上慰藉的义务，中青年人也以家庭为单位对自己的老年生活进行自觉规划。

1986 年，大寨村村委会为全村在册村民向中国人民保险公司昔阳分公司投保。到 1993 年，全村有 283 人受益，其中有 64 人（男 60 岁、女 55 岁）开始享受养老保险。同年 3 月 6 日，村委会为村民投保医疗保险，入保 531 人，交付保费 3 120 元。1995 年，入保村民达 537 人，交付保费 5 330 元，村民依照保险条款，享受住院医疗报销。养老保险、医疗保险的实施，较大地减轻了老年人的生活压力，极大地提升了老年生活质量。1996 年以后，大寨村取消了养老保险、医疗保险等的集体投保。

1992 年起，大寨村开始实行老年人生活费补助制度。村民中，凡男 60 岁以上、女 55 岁以上者均给予生活费补助。标准是：男 60~69岁、女 55~64 岁，每人每月 40 元；男 70~79 岁、女 65~79

岁，每人每月 50 元；80—89 岁者，不分男女，每人每月 70 元；90 岁以上者，不分男女，每人每月享受 80 元。近年来，生活费补助已更名为“养老金”（为和新农保养老金相区别，下文中笔者将其称为“社区养老金”，将该制度称为“社区养老金制度”），补助年龄范围有所变化，补助水平也有较大提高。

2011 年，大寨村在全村推行新农保。该村年满 16 周岁（不含在校生）、未参加职工养老保险的农民，可办理新农保。年满 60 周岁的老年人，可获得一定的基础养老金。

2014 年，大寨村在上级财政的支持下，开始筹建老年人日间照料中心。该中心建设费用中，县财政补贴 5 万元，大寨村集体自筹 28 万元；运营费用中，按照规定，建成后，县财政每年给予中心补助 2 万元，给予每位老人补贴 2 000 元，其余费用由村集体自行解决。

（二）选择依据

之所以选择大寨村作为调研对象，主要原因有两个：

一是，大寨村是一个具有特殊历史的村庄，曾对中国农村产生了巨大的影响。20 世纪 60 年代，由于大寨村（当年的大寨大队）在农田水利建设方面取得的伟大成就，毛泽东发出“农业学大寨”的号召。在此号召之下，“农业学大寨”运动在全国农村轰轰烈烈展开。而今，大寨村已没有当年的荣耀，但其在经济社会建设等领域所取得的成绩，仍值得深入研究和学习。

二是，大寨村养老保障事业的发展具备一定的普遍性与特殊性，具有系统研究的价值。一方面，大寨村作为中国农村的一个缩影，其构建的养老保障体系具有一定的普遍性，如“五保供养”制度、新农保、农村部分计划生育奖励扶助制度的实施等；另一方面，该村养老保障事业建立于当地经济社会文化发展的基础之上，具有一定的特殊性，如社区养老金制度的实施、老年人日间照料中心的筹建等。通过对于该村养老保障事业的系统研究，有助于我们在了解中国农村养老保障所存在的共性问题的同时，学习先进村庄所取得的有效经验，探索一条更加公平的可持续的农村养老保障之路。

二、山西省大寨村养老保障的调研情况及样本分析

调查研究是马克思主义者的一个重要的研究方法。毛泽东在革命战争年代，多次深入农村进行调研，并在调研后写下《湖南农民运动考察报告》《寻乌调查》《兴国调查》等著作。邓小平同志1992年于武昌、深圳、珠海、上海等地调研过程中发表的南方谈话极大地推动了中国20世纪90年代的经济改革与社会进步。作为马克思主义专业的学生，不仅要学习马克思主义基本理论，同样也要学习先辈们实事求是的精神与调查研究的方法。本节对于本次调研情况及具体数据进行说明，并予以简单分析。

（一）调研总体情况

本次调研历时约十天，共分两次。第一次调研中，笔者对大寨村村委会及部分较了解情况的村民（如宋立英老奶奶及赵保国叔叔等）进行深入访谈，总体掌握大寨村基本情况及该村养老保障体系概况，并在此基础上，针对大寨村老年人和中青年人设计不同的调查问卷；第二次调研中，笔者采取结构式问卷与入户访问相结合的方式，共访问70位老人，收回有效问卷68份，有效率为97%；访问100位中青年人，收回有效问卷98份，有效率为98%。

据调研，2014 年，大寨村有居民 229 户，总人口 535 人，平均寿命由中华人民共和国成立初的 55 岁提高至 76 岁。2014 年，该村 60 周岁以上的老年人接近 100 人，老龄化率为 18.69%，其中，70 周岁以上的老年人有 36 人，年龄最大的老年人达到 94 岁。

（二）样本分析

1. 基本情况

为了保证调研结果能够反映大寨村的真实情况，笔者尽可能注意调研样本选取的科学性与规范性。在 68 份老年人有效问卷中，性别方面，男性有 31 人，占总人数的 46%，女性有 37 人，占总人数的 54%；年龄方面，60～69 周岁、70～79 周岁、80 周岁及以上的人数分别为 32 人、21 人、15 人，分别占总人数的 47%、31%、22%；婚姻状况方面，接受调研的老年人中，"有配偶"的人数为 52 人，占总人数的 76%，"没有配偶"的人数为 16 人，占总人数的 24%。在 98 份中青年人有效问卷中，性别方面，男性有 50 人，占总人数的 51%，女性有 48 人，占总人数的 49%；年龄方面，18～34 周岁、35～44周岁、45～60 周岁人数分别为 32 人、35 人、31 人，所占比例分别为 33%、36%、32%①；婚姻状况方面，接受调研的中青年人中，"有配偶"的人数为 82 人，占总人数的 84%，"没有配偶"的人数为 16 人，占总人数的 16%。调研样本基本可以反映大寨村老年人、中青年人的总体情况。

文化程度方面，调研结果显示，大寨村老年人文化程度较低，"文盲或半文盲""小学文化程度""初中文化程度""高中及以上文化程

① 数据说明：各项比例经过四舍五入后得出，故比例相加不一定等于 100%。下文同。

度”的人数分别为 37 人、20 人、7 人、4 人，分别占总人数的 54%、29%、10%、6%（见表 3.1）。相比于老年人，接受调研的中青年人大多具备较高的文化水平，选择“文盲或半文盲”“小学文化程度”“初中文化程度”“高中及以上文化程度”的人数分别为4 人、16 人、57 人、21 人，分别占总人数的 4%、16%、58%、21%（见表 3.2）。

表 3.1　接受调研的老年人的文化程度

项目	文盲或半文盲	小学文化程度	初中文化程度	高中及以上文化程度	合计
人数（人）	37	20	7	4	68
比例（%）	54	29	10	6	100

表 3.2　接受调研的中青年人的文化程度

项目	文盲或半文盲	小学文化程度	初中文化程度	高中及以上文化程度	合计
人数（人）	4	16	57	21	98
比例（%）	4	16	58	21	100

子女方面，接受调研的老人的子女数量较多，68 位老人共有子女数量 212 人，平均每位老人拥有子女 3.12 个；相比于该村老年人，中青年人的子女数较少，98 位被调研对象共有子女数量 167 人，平均每人拥有子女 1.7 个。由此可见，相比于以往，大寨村家庭规模在缩小。

家庭总收入①方面，接受调研的老人的家庭收入总体层次较低，选择“3 000 元至 1 万元”“1 万元至 2 万元”“2 万元至 5 万元”“5 万元以上”的人数分别为 32 人、24 人、10 人、2 人，分别占总人数

① 数据说明：调研家庭总收入时，按分家（如已分家）后家庭收入情况记录。

的47%、35%、15%、3%（见表3.3）；相比之下，接受调研的中青年人的家庭收入较高，选择“3 000元至1万元”“1万元至2万元”“2万元至5万元”“5万元以上”的人数分别为2人、15人、63人、18人，分别占总人数的2%、15%、64%、18%（见表3.4）。

表3.3　　　　接受调研的老年人的家庭总收入

项目	3 000元至1万元	1万元至2万元	2万元至5万元	5万元以上	合计
人数（人）	32	24	10	2	68
比例（%）	47	35	15	3	100

表3.4　　　　接受调研的中青年人的家庭总收入

项目	3 000元至1万元	1万元至2万元	2万元至5万元	5万元以上	合计
人数（人）	2	15	63	18	98
比例（%）	2	15	64	18	100

就业方面，接受调研的中青年人中，“就近工作”的人数为87人，占总人数的89%，“在外工作”的人数为7人，占总人数的7%，“未就业”的人数为4人，占总人数的4%（见表3.5），由数据可知，大寨村的中青年人绝大多数在本地工作，更便于照顾家中老人。

表3.5　　　　接受调研的中青年人的就业情况

项目	就近工作	在外工作	未就业	合计
人数（人）	87	7	4	98
比例（%）	89	7	4	100

家中老人方面，接受调研的中青年人中，选择“家中有老人”

的人数为93人，占到总人数的95%，“家中无老人”的人数为5人，占到总人数的5%，可见多数中青年人需要承担赡养老年人的责任。

总体来看，相比于我国农村的整体发展水平，大寨村村民家庭总收入较高，就近工作比例较高。中青年人中，家庭总收入为“2万元至5万元”的比例达到64%，“就近工作”的比例达到89%，这有助于子女对于家中老人的照顾。相对来看，家庭总收入状况、文化程度等方面，大寨村老年人要低于中青年人。而子女方面，中青年人的平均子女数量仅为1.7个，低于老年人平均子女数量的3.12个，这可能会对大寨村未来的家庭养老保障产生影响。

2. 老年人生活状况

本部分涉及五个问题，均出现在老年人问卷中。其中，接受调研的老年人每周劳作时间较少，选择“10小时及以下”“10小时至30小时 ”的人数分别达到23人、40人，分别占总人数的34%、59%，而选择“30小时至50小时”及“ 50小时以上”的人数仅为5人、0人，分别占总人数的7%、0（见表3.6）。

表3.6　　接受调研的老年人的劳作时间情况

项目	10小时及以下	10小时至30小时	30小时至50小时	50小时以上	合计
人数（人）	23	40	5	0	68
比例（%）	34	59	7	0	100

劳作的主要内容中，选择“洗衣”“做饭”“收拾屋子”“种田”“打工”“照顾孩子”的人分别为25人、20人、10人、4人、0人、9人，分别占总人数的37%、29%、15%、6%、0、13%（见表3.7），可见，大寨村老年人已经不再为谋生而外出打工，主要劳作

为种田的也较少，其劳作主要集中于洗衣、做饭等家务活领域。

表 3.7　　　　接受调研的老年人的劳作内容

项目	洗衣	做饭	收拾屋子	种田	打工	照顾孩子	合计
人数（人）	25	20	10	4	0	9	68
比例（%）	37	29	15	6	0	13	100

“是否需要他人照顾”一项中，“需要他人照顾”的人数为 43 人，所占比例为 63%，“不需要他人照顾”的人数为 25 人，所占比例为 37%，数据显示超半数大寨村老年人需要家人等在生活上进行照料（见表 3.8）。

表 3.8　　　　接受调研的老年人是否需要他人照顾

项目	需要他人照顾	不需要他人照顾	合计
人数（人）	43	25	68
比例（%）	63	37	100

每年消费情况中，数据显示，大寨村老年人消费总体上处于较低层次，选择集中于“衣食”“医疗”的人分别为 35 人、32 人，占比分别高达 52%、47%，选择集中于“旅行”“精神生活”的人分别为 0 人、1 人，占比分别为 0、1%（见表 3.9）。

表 3.9　　　　接受调研的老年人主要消费情况

项目	衣食	医疗	旅行	精神生活	合计
人数（人）	35	32	0	1	68
比例（%）	52	47	0	1	100

生活中遇到的最大问题中，选择“身体不适”“精神苦闷”“养老金短缺”的人数为31人、22人、15人，所占比例分别为46%、32%、22%，可见，具体情况不同的老人，生活烦恼各有不同，其中身体不适者较多，养老金短缺者较少（见表3.10）。

表3.10　　接受调研的老年人生活中的最大问题

项目	身体不适	精神苦闷	养老金短缺	合计
人数（人）	31	22	15	68
比例（%）	46	32	22	100

总体上来看，大寨村老年人每周仍要劳作一定时间，主要内容为洗衣、做饭、收拾屋子、照顾孩子等，但没有出去打工者。消费情况中，该村老年人的消费仍以满足自己的基本需要为主，少有人将消费集中于旅行、精神生活等享受层面。生活中遇到的问题，选择“身体不适”者居多，将近一半。

3. 家庭养老保障情况

本部分涉及七个问题，其中老年人问卷四个问题，中青年人问卷三个问题。

老年人问卷中，由数据可知，大寨村老年人对于家庭养老保障情况感觉良好。68个老年人中，选择“子孙定时给生活费”的人数为56人，占总人数的82%，选择“不会定时给生活费”的人数为12人，占总人数的18%（见表3.11），可见多数子孙会定时给老年人生活费；子孙与其沟通交流的频繁程度中，选择“很少交流”“一般”“较频繁”“频繁”的人数分别为7人、5人、32人、24人，分别占总人数的10%、7%、47%、35%（见表3.12），较好的沟通交流情况，在很大程度上可归结为老人的子孙多在附近工作；对家人照顾的满意程度中，选择“不满意”“一般”“满意”“很满意”的人数分别为6人、27人、24人、11人，占总人数的比例分别为9%、40%、35%、16%（见表3.13），由此可知，过半数老人对家人的照顾感到满意或很满意，但也有40%的老人对家人的照顾情况感觉一般。

表3.11　　接受调研的老年人的子孙定时给生活费情况

项目	子孙定时给生活费	子孙不会定时给生活费	合计
人数（人）	56	12	68
比例（%）	82	18	100

表3.12　　接受调研的老年人子孙与其交流情况

项目	很少交流	一般	较频繁	频繁	合计
人数（人）	7	5	32	24	68
比例（%）	10	7	47	35	100

表3.13　　接受调研的老年人对家人照顾的满意程度

项目	不满意	一般	满意	很满意	合计
人数（人）	6	27	24	11	68
比例（%）	9	40	35	16	100

中青年人问卷中，共有93人选择家中有老人。在这93人中，对家中老人的态度一项中，选择“不好”“比较好”“好”“很好”的人数分别为2人、37人、43人、11人，所占比例分别为2%、40%、46%、12%（见表3.14），可见在接受调研的中青年人心中，绝大多数

人认为自己对于家中老人态度良好；“是否定时给家中老人生活费”一项中，选择“不会”的人数为12人，所占比例为13%，选择“会”的人数为81人，所占比例为87%（见表3.15），该项数据与老年人问卷中调查的数据相吻合；“跟家中老人交流频繁程度”一项中，选择“很少交流”“一般”“较频繁”“频繁”的人数分别为3人、12人、71人、7人，所占比例分别为3%、13%、76%、8%，数据显示，大多数接受调研的中青年人与家中老人交流较多（见3.16）。

表3.14　　接受调研的中青年人对家中老人态度

项目	不好	比较好	很好	好	合计
人数（人）	2	37	43	11	93
比例（%）	2	40	46	12	100

表3.15　　接受调研的中青年人定时给家中老人生活费情况

项目	定时给家中老人生活费	不会定时给家中老人生活费	合计
人数（人）	81	12	93
比例（%）	87	13	100

表3.16　　接受调研的中青年人与家中老人交流频繁程度

项目	很少交流	一般	较频繁	频繁	合计
人数（人）	3	12	71	7	93
比例（%）	3	13	76	8	100

从生活费的按时给予、子孙与老人交流频繁程度、老人对家庭养老保障满意度等项中可以发现，大寨村家庭养老保障总体情况良好，但仍有改进的余地。

4. 社区养老保障情况

本部分涉及八个问题，老年人问卷与中青年人问卷各四个。老年人问卷中，“最认可的大寨村村委会的养老保障措施”①（老年人日间照料中心除外）一项中，被调研对象选择“社区养老金制度”的人最多，达到48人，比例高达71%，可见大寨村的“社区养老金制度”已深入人心。选择“五保供养制度”“老年饭”的人数分别为7人、13人，占总人数的比例分别为10%、19%（见表3.17）；“对大寨村村委会的养老保障措施满意程度”（老年人日间照料中心除外）一项中，选择“不满意”“一般”“满意”“很满意”的人数分别为0人、15人、42人、11人，所占比例分别为0、22%、62%、16%（见表3.18），总体满意度高于对家庭养老保障的满意度。

表3.17　接受调研的老年人最认可的大寨村村委会的养老保障措施（老年人日间照料中心除外）

项目	社区养老金制度	五保供养制度	老年饭	合计
人数（人）	48	7	13	68
比例（%）	71	10	19	100

表3.18　接受调研的老年人对大寨村村委会的养老保障措施满意程度（老年人日间照料中心除外）

项目	不满意	一般	满意	很满意	合计
人数（人）	0	15	42	11	68

① 数据说明：由于调研时将机构养老保障作为与家庭养老保障、社区养老保障、社会养老保障并列的养老保障构成，因此，在调查村民认可的大寨村村委会的养老措施时，未将老年人日间照料中心置于其中。后因研究需要，将机构养老并入了社区养老中。为保证数据的真实性，未对数据进行修改，特此说明。下文同。

表3.18(续)

项目	不满意	一般	满意	很满意	合计
比例（%）	0	22	62	16	100

老年人问卷中，“对于大寨村筹建中的老年人日间照料中心的了解程度”一项中，选择“不了解”“基本了解”“完全了解”的人数分别为57人、6人、5人，分别占比84%、9%、7%（见表3.19）。数据反映，老年人对于筹建中的老年人日间照料中心了解程度极低，其原因在于大寨村村委会筹建该中心时，未进行民意征集，也未进行广泛宣传；“是否愿意入住老年人日间照料中心进行养老”一项中，选择“不愿意”“一般”“愿意”的人数分别为49人、13人、6人，分别占比72%、19%、9%（见表3.20），可见多数老年人无意愿入住该中心。

表3.19　接受调研的老年人对于老年人日间照料中心的了解程度

项目	不了解	基本了解	完全了解	合计
人数（人）	57	6	5	68
比例（%）	84	9	7	100

表3.20　接受调研的老年人入住老年人日间照料中心的意愿程度

项目	不愿意	一般	愿意	合计
人数（人）	49	13	6	68
比例（%）	72	19	9	100

中青年人问卷中，“最认可的大寨村村委会的养老保障措施”（老年人日间照料中心除外）一项中，选择“社区养老金制度”“五

保供养制度”“老年饭”的人数分别为60人、23人、15人，所占比例分别为61%、23%、15%（见表3.21），相比于老年人的选择，中青年人的偏好更趋平衡，但最认可“社区养老金制度”的比例仍然达到60%；“对大寨村村委会的养老保障措施满意程度”（老年人日间照料中心除外）一项中，相比于老年人，中青年人对于社区养老保障满意程度更高，选择“不满意”“一般”“满意”“很满意”的人数分别为1人、1人、10人、86人，所占比例分别为1%、1%、10%、88%（见表3.22）。

表3.21　接受调研的中青年人最认可的大寨村村委会的养老保障措施（老年人日间照料中心除外）

项目	社区养老金制度	五保供养制度	老年饭	合计
人数（人）	60	23	15	98
比例（%）	61	24	15	100

表3.22　接受调研的中青年人对大寨村村委会的养老保障措施满意程度（老年人日间照料中心除外）

项目	不满意	一般	满意	很满意	合计
人数（人）	1	1	10	86	98
比例（%）	1	1	10	16	100

中青年人问卷中，“对于大寨村筹建中的老年人日间照料中心了解程度”一项中，选择“不了解”“基本了解”“完全了解”的人数分别为85人、11人、2人，所占比例分别为87%、11%、2%（见表3.23）；“年老时是否愿意入住老年人日间照料中心进行养老”一项中，选择“不愿意”“一般”“愿意”的人数分别为63人、23人、

12人，占总人数的比例分别为64%、24%、12%（见表3.24）。

表3.23　接受调研的中青年人对于筹建中的老年人日间照料中心的了解程度

项目	不了解	基本了解	完全了解	合计
人数（人）	85	11	2	98
比例（%）	87	11	2	100

表3.24　接受调研的中青年人年老时入住老年人日间照料中心的意愿程度

项目	不愿意	一般	愿意	合计
人数（人）	63	23	12	98
比例（%）	64	24	12	100

从数据中可以发现，大寨村村民对该村的各项养老保障措施（老年人日间照料中心除外）高度认同，老年人选择“满意”与“很满意”的比例达到78%，中青年人选择“满意”与“很满意”的比例更是达到96%。在大寨村村委会的各项养老保障措施中（老年人日间照料中心除外），最受认可的是“社区养老金制度”，老年人与中青年人对该制度的认同度分别达到71%与43%。老年人日间照料中心方面，大寨村村民的了解度与认同度都很低。一方面，这是由于大寨村的老年人日间照料中心尚未正式启用，其自身也存在一些问题；另一方面，也是因为该村并没有对筹建中的老年人日间照料中心进行广泛宣传。

5. 社会养老保障情况

老年人问卷中，“对于国家养老保障政策了解程度”一项中，选择“不了解”“基本了解”“完全了解”的人数分别为23人、42人、3人，分别占比34%、62%、4%（见表3.25），数据反映，该村老年人对于国家养老保障政策了解程度不够；“对于国家养老保障政策满意程度”一项中，选择“不满意”“一般”“满意”“很满意”的人数分别为 17 人、32 人、12 人、7 人，分别占比 25%、47%、18%、10%（见表 3.26），相比于社区养老保障措施，其满意程度较低。

表 3.25　接受调研的老年人对于国家养老保障政策了解程度

项目	不了解	基本了解	完全了解	合计
人数（人）	23	42	3	68
比例（%）	34	62	4	100

表 3.26　接受调研的老年人对国家养老保障政策满意程度

项目	不满意	一般	满意	很满意	合计
人数（人）	17	32	12	7	68
比例（%）	25	47	18	10	100

中青年人问卷中，“对于国家养老保障政策是否了解”一项中，选择“不了解”“基本了解”“完全了解”的人数为 32 人、60 人、6 人，分别占总人数的 33%、61%、6%（见表 3.27），总体了解程度较低；“对于国家养老保障政策是否满意”一项中，选择“不满意”“一般”“满意”“很满意”的人数分别为 33 人、27 人、31 人、7 人，分别占总人数的 34%、28%、32%、7%，满意程度大大低于对社区养老保障措施的满意程度（见表 3.28）；“是否参加了新农保”一项中，选择“是”与“否”的人数分别为 97 人、1 人，分别占比 99%、1%，参保比率非常高；在 97 名参加新农保的村民中，“上年度缴费”一项中，选择“100 元”“200 元”“300 元”“400 元”“500 元”的人数分别为 68 人、7 人、5 人、2 人、15 人，分别占参保人数的 70%、7%、

5%、2%、15%（见表3.29），参保层次较低。

表3.27　接受调研的中青年人对于国家养老保障政策了解程度

项目	不了解	基本了解	完全了解	合计
人数（人）	32	60	6	98
比例（%）	33	61	6	100

表3.28　接受调研的中青年人对国家养老保障政策满意程度

项目	不满意	一般	满意	很满意	合计
人数（人）	33	27	31	7	98
比例（%）	34	28	32	7	100

表3.29　接受调研的中青年人上年度新农保缴费情况

项目	100元	200元	300元	400元	500元	合计
人数（人）	68	7	5	2	15	97
比例（%）	70	7	5	2	15	100

社会养老保障方面，从老年人问卷和中青年人问卷的总体调研情况可知，大寨村村民对于国家养老保障政策的满意度要大大低于对于大寨村村委会养老保障措施的满意度，且对于国家养老保障政策的了解程度偏低。另外，中青年人的新农保上年度缴费多集中于100元，总体处于较低档次。这说明国家养老保障政策仍需继续完善，并要做好宣传工作。

（三）个案分析

个案1

李德州（化名），男，73岁，配偶尚在，有两个儿子一个女儿。

笔者对其进行访问时，他正在自家菜园中种菜。问到他为什么还要自己种菜时，他回答说，一方面是自己种菜吃放心，另一方面也可以丰富业余生活。聊到大寨村的养老保障体系，他不停地为大寨村村委会叫好。他说，大寨村对于村里的老人，60~69 周岁的，每月给予 200 元的养老金；70~79 周岁的，每月给予 300 元的养老金。养老金虽然不算多，但对于消费需要较低的老年农民而言，是一个不少的补贴。

他的儿女们均已成家。两个儿子和他分了家，住在村子新建的单元楼里。儿子们和儿媳们都在村办企业里工作，每月有1 500~3 000元的工资。由于住得较近，儿媳们经常和两位老人沟通聊天，每个月也分别给老人一定的补贴。小儿子的孩子刚刚两周岁，在儿媳工作时，由老太太照管。女儿嫁到外县，但每月都会带一些礼物回来看望一下老人，帮老人洗洗衣服、床单。

从李德州的案例中可以得知，社区养老金制度是大寨村养老保障体系的重要组成部分，在一定程度上提高了老年人的生活水平。而家庭在养老保障中依然发挥着重大作用，子女的经济供养、精神慰藉、生活照顾在老年人生活中的地位无可代替。

个案 2

张爱婷（化名），女，79 岁，配偶已离世，有两个儿子两个女儿。对于失去伴侣的张爱婷而言，生活中最大的痛苦，就是经常感觉到孤独。她说，好在儿女们比较孝顺，能理解她的孤苦，经常每隔几天就抽出一定时间来陪伴她。问她对大寨村哪项养老措施最满意时，她说，最喜欢大寨村每年重阳节举办的“老年饭”。那一天，大寨村的老人会齐聚一堂，聊当年的“三战狼窝掌”，谈今天的

“幸福中国梦”。她异常怀念当年与老伴、战友们一起奋斗的时光，看到今天大寨人幸福美好的生活，也格外开心。

聊到大寨村筹办中的老年人日间照料中心时，她说她对这件事情不是太清楚，不过非常感激村委会为老年人做的一切。如果到时候有老朋友入住其中，她也很乐意在这里度过她的老年生活。对于物质生活，老人没有太多的渴盼，只是希望有一些事情来填补心中的空白。虽然身体不是很好，但是老人非常喜欢到街坊邻居家串门。

张爱婷的案例显示，老年人尤其是独自生活的老年人，格外需要旁人的精神慰藉。大寨村的“老年饭”以及筹办中的老年人日间照料中心可在一定程度上满足老年人的精神需要。然而，一年一度的“老年饭”并不足以完全填补老年人心中的空白，筹办中的老年人日间照料中心效果尚未知。因此，大寨村需要从精神层面继续完善养老保障体系。

个案 3

贾龄（化名），男，45 岁，已婚，家中有一位老人，有一个儿子。他与妻子都在村企业工作。问到对于家中老人的赡养情况时，他说，他与妻子每个月都会给老人 200 元生活费。夫妻两个经常与老人聊家常，以免老人感到孤独。妻子还常为老人洗衣物、打扫屋子。

谈到村中的社区养老金制度，贾龄格外高兴，认为它不仅改善了老人的生活状况，减轻了年轻人的赡养负担，也令他们自己对自己未来的老年生活充满了信心。为了使自己的老年生活更有保障，他与妻子都参加了新农保。不过，由于对于新农保政策不了解，他们各自缴费仅有 100 元。另外，他们对于儿子的孝道教育很重视，特别强调赡养老人的重要性。

贾龄的案例显示，子女的就近就业对于家中老人生活质量的提高具有重要意义。他们不仅可以给老人一定的经济支持，还可以给他们相应的精神慰藉与生活照料。而大寨村的“社区养老金制度”则在改善老年人生活状况的同时，提高了村中青壮年人对将来老年生活的预期，增强了其归属感。大寨村村民也积极采取行动，以保障自己未来的老年生活。

三、山西省大寨村养老保障体系的主要构成

通过调查研究，笔者发现大寨村养老保障体系主要由家庭养老保障、社区养老保障、社会养老保障三部分构成，其中家庭养老保障是基础，社区养老保障是依托，社会养老保障是支撑（见图3.1）。三部分相互影响、相互作用，共同促进了大寨村养老保障事业的发展。

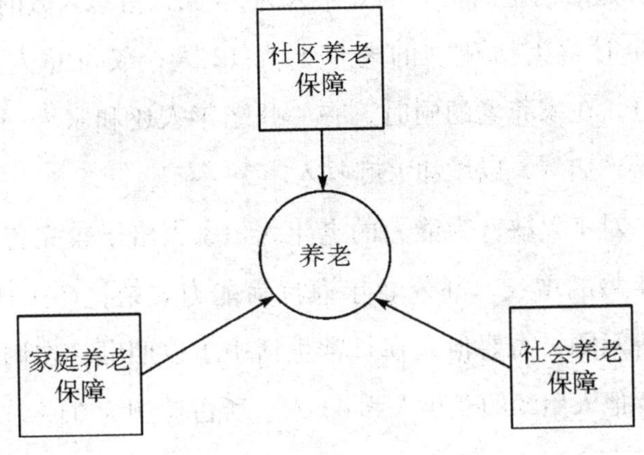

图3.1　大寨村养老保障体系的主要构成

（一）家庭养老保障

邓小平曾指出："欧洲发达国家的经验证明，没有家庭不行，家庭是个好东西。都搞集体性质的福利会带来社会问题，比如养老问题，可以让家庭消化。"[①] 国家始终重视家庭在养老保障事业中的重要地位，《老年法》特地用一章篇幅规定了家庭赡养与扶养的相关内容。大寨村也将家庭养老保障置于非常重要的位置。尽管该村养老保障事业有了一定的发展，社区养老保障、社会养老保障都取得了较大成效，但大寨村养老保障的基础仍是家庭养老保障。家人对于老年人经济上进行供养、生活上加以照顾、精神上予以慰藉，村民以家庭为单位进行养老保障规划。

首先，家人对于老年人经济上进行供养。由于社区养老金及新农保的存在，家庭已不再是大寨村村民养老保障资金的唯一来源。但是，村集体、新农保所能提供的养老金有限，为了维持老人的基本生活，子孙等仍会给予家中老人一定的经济资助。调研结果显示，选择"子孙定时给生活费"的老年人为 56 人，占总人数的 82%，选择"不会定时给生活费"的老年人为 12 人，仅占总人数的 18%（见图 3.2）。在家养老的同时，有一些老年人还和家人一起开了农家饭店、特产店等，以增加家庭收入。

其次，对于欠缺行为能力的老年人，家人给予较完善的生活照顾。随着年龄的增长，部分老年人行为能力欠缺，产生体力衰弱、听力衰竭等问题，需要他人在日常生活中予以照顾。在调研中，认为自己需要他人照顾的老年人为 43 人，所占比例为 63%，认为自己

① 中共中央文献研究室. 邓小平年谱：1975-1997［M］. 北京：中央文献出版社，2004：1338.

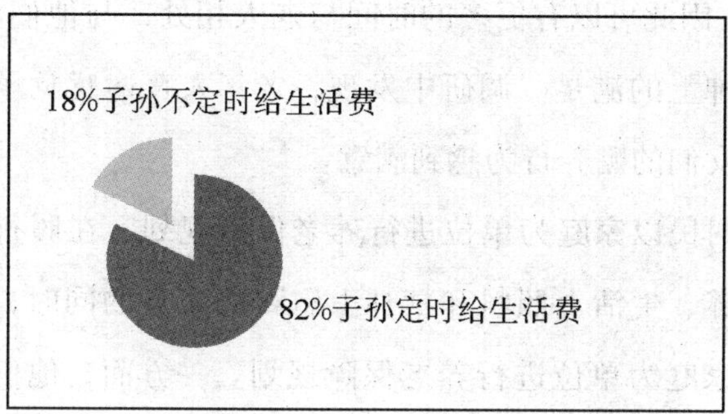

图 3.2 接受调研的老年人的子孙定时与不定时给生活费的比例

不需要他人照顾的人数为 25 人，所占比例为 37%（见图 3.3）。在“五保供养”制度覆盖面较窄、老年人日间照料中心仍在建设的情况下，这些需要他人照顾的老年人会对家人有较大的依赖。

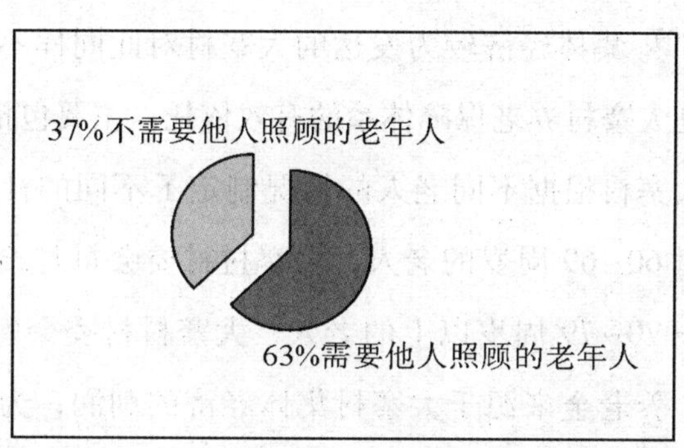

图 3.3 接受调研的老年人是否需要他人照顾的比例

再次，家人对老年人精神上予以慰藉。老年人不仅需要外界给予一定的经济资助、生活照顾，也极其需要精神慰藉。随着年龄的增长，其社交活动逐渐减少，家人在满足老年人的精神需要方面起着越来越大的作用。与中国许多农村不同的是，大寨村村民多数就近工作（接受调研的大寨村中青年人中，“就近工作”的人数比例达到 89%），因此可以有更多的时间与老人相处，与他们沟通交流，使其得到精神上的满足。调研中发现，老年人普遍感觉子女们比较孝顺，对子女们的赡养行为感到满意。

最后，村民以家庭为单位进行养老保障规划。在履行对家中老人经济上供养、生活上照料和精神上慰藉的义务的同时，大寨村中青年人还以家庭为单位进行养老保障规划。一方面，他们将一定收入用于养老储蓄，部分村民还购买了商业养老保险；另一方面，他们通过多种方式教育子女要赡养老人。

（二）社区养老保障

毛泽东非常看重农村基层组织在养老保障中的作用，他曾在《长冈乡调查》一文中指出："互助社的工作是优待红属、社员互助与帮助孤老。"① 集体经济较为发达的大寨村对此同样不敢忽视。社区养老保障是大寨村养老保障体系的有效依托，主要包括以下环节：

首先，大寨村根据不同老人的情况制定了不同的社区养老金制度。对于该村 60~69 周岁的老人，大寨村村委会每月给予 200 元的养老金；对于 70~79 周岁以上的老人，大寨村村委会每月给予 300 元的养老金。养老金来源于大寨村集体经济的利润，为大寨村老年人提供了基本的生活保障。调研数据显示，在大寨村村委会的各项养老保障措施中（老年人日间照料中心除外），最受认可的是"社区养老金制度"，老年人与中青年人对该制度的认同度分别达到 71% 与 43%。由此可见，大寨村社区养老金制度在社区养老保障中具有举足轻重的地位。

---

① 毛泽东文集：第 1 卷［M］. 北京：人民出版社，1993：300.

其次，大寨村对于本村的生活无依无靠的老人，实行“五保供养”制度，即保吃、保住、保穿、保医、保葬。具有该村常驻农业户口的老年人、残疾人，无劳动能力、无生活来源又无法定赡养、抚养、扶养义务人，或者其法定赡养、抚养、扶养义务人无赡养、抚养、扶养能力的，可申请享受农村“五保供养”待遇①。符合条件者，可由本人向村委会提出申请，经村委会民主评议后，予以公示，将有关材料报送镇政府，镇政府对申请人的家庭状况和经济条件进行调查核实后，再由县民政局进行审批决定。“五保供养”制度虽然覆盖范围较窄，但对于那些没有依靠的老年人而言却意义重大。它不仅保障了老年人的基本生活，也使得他们无后顾之忧。

再次，大寨村村委会在每年重阳节，还会把老年人召集起来，请大家吃“老年饭”，以加强老年人之间的交流，沟通老年人之间的感情，满足老年人的精神需要。对于曾一起奋战在虎头山上的大寨村老年人而言，“老年饭”是一笔巨大的精神财富。由于身体不便，老年人无法再像年轻时一样随时相见，少了交流的机会。在“老年饭”的餐桌上，大家可以一起回忆过往的奋斗史，谈论彼此的家常事，在欢声笑语中提升幸福指数。

最后，大寨村为了满足欠缺行动能力的老年人的养老需要，在上级政府的关心和指导下，于 2014 年开始在大寨村小学对面的旧库房筹建老年人日间照料中心。该中心建设费用中，县财政补贴 5 万元，大寨村集体自筹 28 万元；运营费用中，按照规定，建成后，县财政每年给中心补助 2 万元，给每位老人补贴 2 000 元，其余费用由

---

① 国务院．农村五保供养工作条例［J］．中华人民共和国国务院公报，2006（7）：25.

村集体自行解决。老年人日间照料中心占地面积1 080平方米，建筑占地面积176平方米，配有厨房、餐厅、休息室、健身活动室、康复室等。在该中心，村中老人可享受膳食供应、个人照顾、保健康复、休闲娱乐等多样化的日间托养服务。老人白天在照料中心吃饭娱乐，晚上回家休息，是一种“走动式”的机构养老方式，实现了老年人的养老离家不离村，非常符合大寨村的实际情况。随着老年人日间照料中心的建成和使用，它将会在大寨村养老保障事业的发展中起到日益重要的作用。

总体而言，相比于家庭养老保障与社会养老保障，大寨村村民对该村社区养老保障（老年人日间照料中心除外）满意度较高。调研结果显示，大寨村村民对该村的养老保障措施（老年人日间照料中心除外）高度认同，大寨村老年人选择“满意”与“很满意”的比例达到78%（见图3.4），中青年人选择“满意”与“很满意”的比例更是达到96%，均高于对家庭养老保障、社会养老保障的满意度。

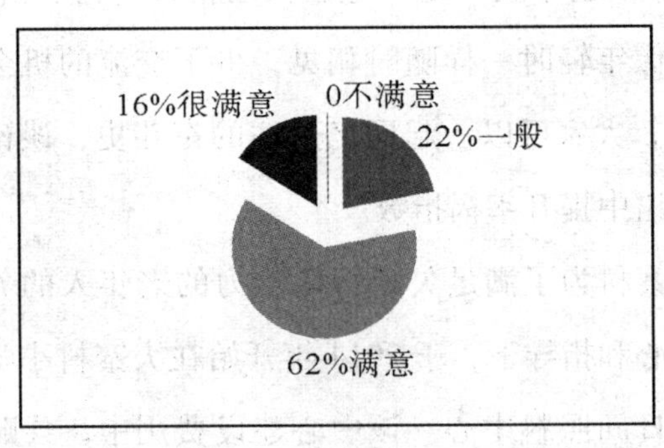

图3.4 接受调研的老年人对于大寨村村委会养老保障措施的满意程度

（老年人日间照料中心除外）

（三）社会养老保障

列宁曾指出："最好的工人保险形式是工人的国家保险。"[①]对于农民而言，政府与其他社会组织同样需要发挥重要作用。大寨村在养老保障体系建设过程中，不仅注重家庭养老保障、社区养老保障，也非常注重社会养老保障。社会养老保障有力地支撑着大寨村养老保障体系的发展。

大寨村的社会养老保障主要由政府组织，主要的形式为新型农村社会养老保险制度（简称"新农保"）。在国家政策的号召之下，大寨在全村推广了新农保。新农保基金由个人缴费、集体补助、政府补贴构成（因新农保主要是由政府组织的，故将其划为社会养老保障），养老金待遇则由基础养老金和个人账户养老金组成。调研发现，60 岁以上的大寨村老年人每月可领到 65 元新农保基础养老金；而按照昔阳县《城乡居民养老保险缴费标准》，具有该县户籍且年满 16 周岁（不含在校生）、未参加职工养老保险的农民，可参加新农保，缴费标准有 100 元至 1 000 元十个档次（个人账户），对于各个缴费档次，市政府均补贴 10 元，县政府补贴 20 元至 40 元不等，其中，个人缴费 500 元至 1 000 元的，县政府补贴均为 40 元[②]。在调研期间，大寨村村民尚未按照新标准缴费，缴费档次仍为 100 元至 500 元五个档次，参保率达到 99%，缴费档次以 100 元者居多，达 70%。

农村部分计划生育奖励扶助制度是政府另一项于大寨村实行的养老保障制度。对于 1973 年以来没有违反计划生育法律法规和政策

① 列宁全集：第 21 卷［M］. 北京：人民出版社，1990：155.

② 昔阳官网. 城乡居民养老保险缴费标准［EB/OL］.（2013-11-27）. http：//www. xiyang. gov. cn/xiyang/sannongbaoxian/20131127/6524. html.

规定生育子女的夫妇（双方皆为农业户口或界定为农村居民户口），年满60周岁后，政府按年人均不低于600元的标准发给夫妇双方奖励扶助金，直到亡故为止。该制度可在一定程度上提高大寨村计划生育家庭的老年人生活水平。

另外，国家和各级政府实行的与养老保障相关的其他制度，如新型农村合作医疗制度、计划生育奖励扶助制度、社会救济制度、军人及家属优抚安置制度等，也对大寨村养老保障给予了相应的支持。例如，新型农村合作医疗制度在大寨村的推行，减轻了老人的看病负担，提升了老人的生活质量。

四、山西省大寨村养老保障的基本特征

根据调研结果，大寨村养老保障体系主要有养老保障体系相对完善、养老保障资金来源较为多样、受益群体十分广泛这三个基本特征。本节将对这三个基本特征进行具体分析。

（一）养老保障体系相对完善

新修订的《老年法》规定："国家建立和完善以居家为基础、社区为依托、机构为支撑的社会养老服务体系。"① 《中共中央关于全面深化改革若干重大问题的决定》也指出："积极应对人口老龄化，加快建立社会养老服务体系和发展老年服务产业。"② 而大寨村便根据自己的实际情况构建了一套由家庭养老保障、社区养老保障、

① 中华人民共和国老年人权益保障法［J］. 中华人民共和国全国人民代表大会常务委员会公报，2013（1）：31.

② 中共中央关于全面深化改革若干重大问题的决定［N］. 人民日报，2013-11-16（001）.

社会养老保障三部分构成的内在统一的相对完善的养老保障体系。

如前文所述，大寨村养老保障体系由家庭养老保障、社区养老保障、社会养老保障三部分构成。三者在养老保障资金、生活照顾、精神慰藉等方面实现了无缝衔接，形成了较为完善的养老保障体系。其中，家庭养老保障是体系基础，家庭仍肩负着大寨村村民的养老保障重任，家人对于老年人的物质需要与精神需要的满足起到了至关重要的作用；社区养老保障是有效依托，村集体为老年人提供固定的社区养老金，实施“五保供养”制度，每年还组织“老年饭”等活动，同时筹建了老年人日间照料中心，多方面提高了老年人的生活水平，提升了中青年人对将来老年生活的预期；社会养老保障是有力支撑，国家确立了新型农村社会养老保险制度及其他相关制度，提高了养老保障的社会性和规范性。

（二）养老保障资金来源较为多样

养老保障资金的缺乏始终是困扰农村养老保障体系构建的主要问题。“老农保”之所以没能成功开展，根本上便是源于养老保障资金的匮乏。胡锦涛在党的十八大报告中强调，要“扩大社会保障基金筹资渠道，建立社会保险基金投资运营制度，确保基金安全和保值增值”①。大寨村则建立了较为多样的养老保障资金渠道，提高了养老保障资金的安全性与可靠性，为该村养老保障体系的完善奠定了良好的物质基础。大寨村的养老资金来源主要包括家庭、村集体、政府三个渠道。

家庭是养老保障资金的第一个来源。首先，家庭根据经济条件

① 胡锦涛．坚定不移沿着中国特色社会主义道路前进 为全面建成小康社会而奋斗［N］．人民日报，2012-11-18（001）．

不同，给予老年人不同的经济资助。经济条件较好的子女会给予老人较多的经济资助，相应的，经济条件较差的子女给予老人的经济资助较少。其次，符合条件的村民参加了新农保，每年缴费100元至500元不等（按照旧标准）。最后，部分经济条件较好的村民积极地为自己将来的老年生活进行储蓄、购买商业养老保险。

村集体是养老保障资金的第二个来源。首先，村集体为该村老人每月提供200元至300元不等的养老金，每年给包括老年人在内的每位村民发放1 000元的福利。其次，在老年人日间照料中心的筹建中，村集体投入了28万元，建成后，也将负责相当一部分的运营费用。

政府是养老保障资金的第三个来源。首先，各级财政对于新农保等社会养老保障制度给予大量补贴。以新农保为例，对于已年满60周岁的老年人，政府予以每人每月65元的基础养老金；对于参保人员，针对不同的缴费档次，县政府予以每人每年20元至40元的补贴，市政府给予每人每年10元的补贴。其次，县政府还对大寨村的老年人日间照料中心的建设与运营给予支持，给予启动资金5万元，运营资金每年给予中心2万元补助、给予每位老人2 000元补助。

（三）养老保障受益群体十分广泛

养老保障的水平和质量，一方面体现于它对当地老年人生活水平的提升程度，另一方面则体现于它的受益群体的广泛程度。大寨村养老保障体系的主要特征之一便是其受益群体的广泛性。无论是老年人还是中青年人，都可从该体系中得益。

首先，全村所有60岁以上的老人都是该体系的受益者。由家庭养老保障、社区养老保障、社会养老保障三部分有机构成的大寨村养老保障体系，将其覆盖面扩大到村内全部60岁以上的老年人。例如，社区养老金与新农保基础养老金，覆盖面都是全体老人；而由于全村较好的养老氛围，家人在老年人养老中发挥了重要作用；那些无依无靠的老年人，还可从“五保供养”制度与老年人日间照料中心寻求帮助。在调研中，笔者发现，该村老人普遍对大寨村养老保障政策感到满意。以社区养老保障为例，接受调研的老年人中，“对大寨村村委会的养老措施满意程度”（老年人日间照料中心除外）一项中，选择“满意”与“很满意”的比例高达82%。

其次，大寨村的其他村民也可从该体系中受益。该村养老保障体系在保障老年人老年生活的同时，也在一定程度上提升了该村其他村民的生活质量，提升了他们对将来老年生活的预期。一方面，生活得到保障的老年人，会有一定的精力照管家庭事务，诸如做饭、打扫屋子、照管孩子，等等；另一方面，减轻了养老负担的大寨村村民，也可有更多的财力、物力满足自己的物质需要与精神需要，采取积极措施保障自己未来的老年生活。

五、山西省大寨村养老保障的基本经验及存在的问题

毛泽东认为：“所谓了解矛盾的各个方面，就是了解它们每一方面各占何等特定的地位，各用何种具体形式和对方发生互相依存又互相矛盾的关系，在互相依存又互相矛盾中，以及依存破裂后，又各用何种具体的方法和对方作斗争。”[①] 研究大寨村养老保障体系，

① 毛泽东选集：第1卷［M］. 北京：人民出版社，1991：312.

既要揭示其主要构成及基本特征，也要总结其构建经验，分析其存在的问题，发现形成问题的内在原因并进而设法破解。本节首先分析了该体系构建的经验，紧接着分析了它存在的问题，最后探讨了问题发生的原因。

（一）基本经验

笔者认为，大寨村发展养老保障事业的基本经验主要包括三点：一是坚持以党和国家政策为改革导向，因地制宜，适度创新；二是坚持以党支部以及村委会为领导，贡献出集体组织的力量；三是坚持以满足村民基本养老需要为目标，支持家庭养老保障。

1. 坚持以党和国家政策为改革导向，因地制宜适度创新

在大寨村养老保障体系建设过程中，最为重要的一点是始终坚持以党和国家政策为改革导向，因地制宜，适度创新。大寨村高度重视党和国家的养老保障政策，将本村养老保障体系改革建立于党和国家养老保障政策演变基础之上。同时，大寨村也不拘泥于党和国家的养老保障政策，而是以本村实际为基础，适当地进行创新。

2009 年 9 月，国务院发布了《国务院关于开展新型农村社会养老保险试点的指导意见》，要求按照“保基本、广覆盖、有弹性、可持续”的基本原则，开展新型农村社会养老保险试点，大寨村则于 2011 年在全村积极推广了新农保；2013 年 9 月 13 日，国务院发布《国务院关于加快发展养老服务业的若干意见》，指出要以“深化体制改革，坚持保障基本，注重统筹发展，完善市场机制”为基本原则，加快发展养老服务业，大寨村则于 2014 年根据本村情况筹建了老年人日间照料中心；2012 年 12 月，第十一届全国人大常委会第 30 次会议表决通过了修订后的《中华人民共和国老年人权益保障

法》，该法于2013年7月1日起正式实施，大寨村则于该法颁布后，广泛宣传并号召村民积极践行。

以党和国家政策为改革导向，使得大寨村养老保障体系始终没有偏离正轨，同时可获得上级政府财力、物力方面的支持；而因地制宜，适度创新，又确保了该体系不脱离该村实际情况，服务于大寨村的整体发展战略。

2. 坚持以党总支以及村委会为领导，贡献出集体组织的力量

党的十八大报告指出："我们党担负着团结带领人民全面建成小康社会、推进社会主义现代化、实现中华民族伟大复兴的重任。党坚强有力，党同人民保持血肉联系，国家就繁荣稳定，人民就幸福安康。"① 大寨村养老保障事业发展过程中，党总支与村委会领导下的集体组织贡献了重要力量。

大寨村党总支下设大寨村党支部（35名党员）、大寨中策水泥有限公司党支部（21名党员）、联合党支部（4个企业、11名党员）三个党支部。大寨村村民委员会是大寨村村民自我管理、自我教育、自我服务的基层群众性自治组织，于1984年生产大队管理委员会撤销后改设。

党总支与村委会之间相互协调、相互合作，在养老保障体系整体框架的制定、资金的筹集、养老机构等的筹办过程中发挥了重要作用。在养老保障体系整体框架的制定过程中，党总支与村委会广泛征集群众意见，积极借鉴先进村庄的优秀经验，拟定出了以家庭养老保障为基础、社区养老保障为依托、社会养老保障为支撑的整

① 胡锦涛. 坚定不移沿着中国特色社会主义道路前进 为全面建成小康社会而奋斗［N］. 人民日报，2012-11-18（001）.

体框架；在养老资金的筹集过程中，党总支与村委会努力协调各村办企业之间的利益关系，将集体经济的部分利润抽出，用于社区养老金的发放；在养老机构的筹办过程中，他们积极与镇政府、县财政协调，争取机构建设的外部援助。正如大寨村妇女委员会主任李怀莲所说："喊破嗓子，不如做出样子！"① 正是在具有实干精神的党支部、村委会带领下，大寨村积极改善民生，逐步解决了养老保障问题。从社区养老金到"老年饭"，再到老年人日间照料中心，无不体现着大寨村党总支与村委会对村中老人的关怀与照顾。

3. 坚持以满足村民基本养老需要为目标，支持家庭养老保障

党的十九大报告指出："人民是历史的创造者，是决定党和国家前途命运的根本力量。必须坚持人民主体地位，坚持立党为公、执政为民，践行全心全意为人民服务的根本宗旨，把党的群众路线贯彻到治国理政全部活动之中，把人民对美好生活的向往作为奋斗目标，依靠人民创造历史伟业。"② 在发展养老保障事业时，同样要把人民对美好生活的向往作为奋斗目标，充分发挥人民的主动性和积极性。

大寨村在发展养老保障事业的过程中，始终坚持以满足村民养老需要为根本目标，积极支持家庭养老保障。随着经济社会的变迁，村民养老需要日益多样化，不仅仅有较高的物质需要，同时也有丰富的精神需要，部分老年人还有特殊照顾需要。而这些需要，都离不开家庭主体作用的发挥。为此，大寨村汲取中国诸多农村空心化

① 李强，闫丽丽. 党的群众路线在大寨［J］. 先锋队，2014（13）：33.

② 习近平. 决胜全面建成小康社会 夺取新时代中国特色社会主义伟大胜利——在中国共产党第十九次全国代表大会上的报告［M］. 北京：人民出版社，2017：21.

的教训，积极鼓励青壮年劳动力就近就业。该村先后成立了经济开发总公司、大寨贸易公司、山西大寨饮品有限公司、大寨羊毛衫厂等，建成了生态观光园与大寨二级旅游公路，开发了虎头山风景区，促进了三次产业发展，促进了村民就地就业。调研显示，大寨村村民就近就业率达到89%。与此同时，大寨村积极宣扬孝道文化，鼓励大寨村村民孝敬老人。在大寨村诸多措施的促进之下，大寨村呈现出较好的养老氛围。

（二）存在的问题

大寨村养老保障主要存在的问题包括：养老保障水平较低、精神层面保障欠缺；家庭养老保障受到家庭规模缩小的挑战；社区养老机构不够完善；新农保补贴政策不合理、宣传不到位等。一方面，这些问题是大寨村养老保障自身所存在的问题，具有个性；另一方面，也可以结合其他学者的研究，从中发现我国农村养老保障所存在的共性问题，如家庭养老保障遭遇挑战、新农保补贴政策不合理，等等。

1. 养老保障水平较低，精神层面保障欠缺

大寨村建立了比较完善的养老保障体系，在一定程度上保障了大寨村老年人的基本生活。不过，总体上看，该村养老保障水平仍处于较低层次。

首先，养老资金仅能保障大寨村老年人的基本生活。由于新农保基础养老金、社区养老金都属于普适性的养老金，其目的在于保障参保人的基本生活，因此，大寨村老年人所能获得的养老金相当有限。按照现有养老金水平，该村60岁以上老年人每月可获得新农保基础养老金+社区养老金共265元，70岁以上老年人每月可获得新农保基础养老金+社区养老金共365元，外加子孙给予的养老补贴，

仍仅可保障其基本生活，老年人难以进行发展消费乃至享受消费。调研中发现，大寨村老年人的消费层次较低，选择集中于“衣食”“医疗”的人分别为35人、32人，占比分别高达52%、47%，选择集中于“旅行”“精神生活”的人所占比例分别为0人、1人，占比仅为0、1%（见图3.5）。

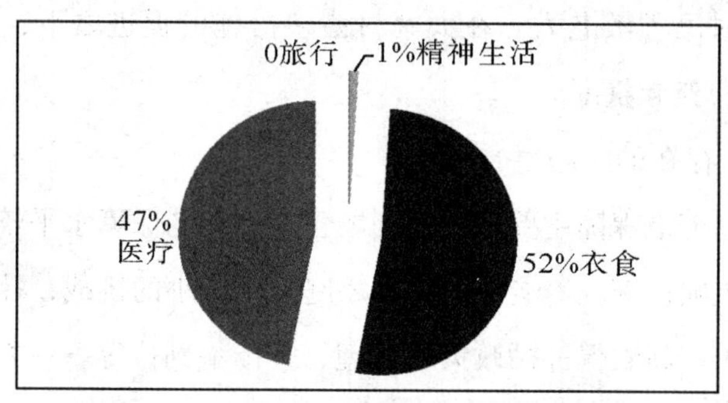

图3.5　接受调研的老年人消费集中情况

其次，大寨村养老保障体系以物质保障为主，精神层面保障相对欠缺。马斯洛需要层次理论认为，当物质需要（生理需要与安全需要）获得满足之后，情感与归属的需要将变得无比强烈。在物质保障上，家庭、集体、政府都给予一定的经济资助，可在一定程度上满足大寨村老年人基本生活所需。而在精神保障上，该村老人主要依靠配偶、子女的精神慰藉，村集体仅提供每年一次的“老年饭”，距离老年人的精神需要有较大差距。调研中，关于生活中遇到的最大问题，多达32%的老年人选择了“精神苦闷”，可见该村老年人精神保障的欠缺。

2. 家庭养老保障受到家庭规模缩小的挑战

家庭养老保障是大寨村养老保障的基础，家庭在养老保障中起到了无可替代的作用。而随着家庭规模的缩小，家庭养老保障受到了严峻挑战。

在调研过程中笔者发现，七八十岁的老年人普遍孩子较多，一般有三个以上。而随着年龄的逐渐变小，其拥有子女的数量也逐渐下降。村志记载，1983 年，大寨村计生率为 40%；1984 年，大寨村计生率为 50%；1985 年，大寨村计生率为 33. 3%；1986 年，全村计生率为 89%；1988 年全村计生率达到 100%；1997 年，计生率为 85. 7%。而根据调研结果，68 位老人共有子女数量 212 人，平均每位老人拥有子女 3. 12 个；98 位中青年人共有子女数量 167 人，平均每位中青年人拥有子女 1. 7 个，比起该村老人来，其子女数量大大减少。在 2020 年左右，严格实施了计划生育政策的村民将会步入老年阶段，届时他们将面临供养子女不足、子女赡养负担过重的问题。在此情况下，大寨村的家庭养老保障将难以维持其稳定性，老年人的老年生活也将无法得到有效保障。

家庭养老保障的不可持续既是大寨村养老保障事业所面临的严峻考验，同样也是全国范围内农村养老保障所遭遇的重大挑战。由于家庭小型化、农村空心化、老龄化及传统养老观念弱化等多方面因素，我国农村家庭养老保障普遍面临困境。因此，在养老保障体系完善过程中，大寨村及其他农村必须对家庭养老保障作用的弱化问题高度重视。

3. 社区养老服务机构不够完善

由村委会筹建的老年人日间照料中心被人们寄予了极大希望，被认为是解决大寨村空巢化、高龄老人养老难问题的关键。但是，该中心在笔者调研期间尚未正式启用，根据调研情况，它在养老设施、人员安排、制度构建等方面都存在严重欠缺。在养老设施方面，该机构居住条件、卫生条件等相对简陋，无法满足老人较高层次的养老需要；在人员安排方面，该机构难以吸引具备专业素养的社会保障专门人才，农村养老服务机构管理人员、服务人员素质低下的共性问题可能重现；在制度构建方面，该机构对于入住老人条件、资金来源、应急处理等问题未做出具体规定，将会影响其自身的可持续发展。

除此之外，村民入住意愿并不高。老年人问卷中，“是否愿意入住老年人日间照料中心进行养老”一项中，选择“不愿意”的比例达到72%（见图3.6）；中青年人问卷中，“年老时是否愿意入住老年人日间照料中心进行养老”一项中，选择“不愿意”的比例达到64%。

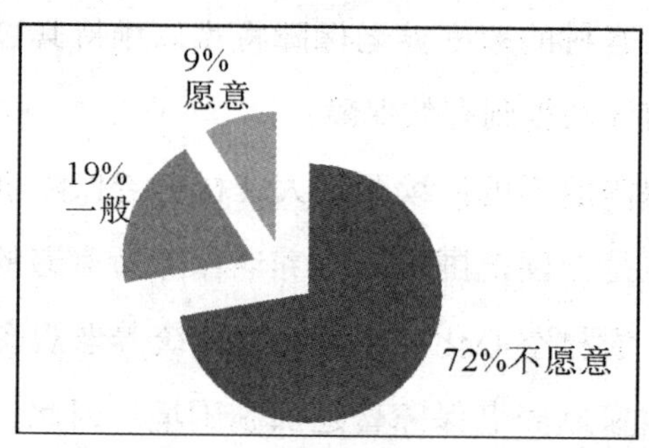

图3.6　接受调研的老年人入住老年人日间照料中心意愿程度

如何避免各地农村同类机构所共有的条件简陋、管理人员素质低、服务层次低的问题，如何扩大该中心的影响力及入住率，是大寨村老年人日间照料中心进一步发展所必须解决的重要问题。

4. 新农保实施效果有限

新农保是国家做出的一项重大利民举措，晋中市政府、昔阳县政府也为此进行了大面积的补贴。然而，新农保的实施效果仍极其有限。

首先，村民缴费档次较低。尽管几乎全部适龄村民都参加了新农保，但是缴费档次较低。在接受调研的参保村民中，“上年度缴费”一项中，选择“100 元”的达到 70%，而选择其他缴费档次的不到 30%。较低的保费也会影响农民将来的养老金领取水平。

其次，基础养老金过低。政府每月仅给予年满 60 周岁以上的老人 65 元的基础养老金，对于老年人的日常生活的保障仅能起到隔靴搔痒的作用，严重影响了老年人对于国家养老保障政策的满意度。数据显示，接受调研的老年人对于包括新农保在内的国家养老保障政策的满意度（选择“满意”与“很满意”的）仅为 28%。

六、山西省大寨村养老保障所存在问题的原因分析

笔者认为，大寨村养老保障体系之所以仍存在上述问题，主要有四个原因：其一，大寨村养老保障观念较为滞后；其二，该村经济发展水平有限；其三，国家养老保障政策与法律不合理、不完善；其四，大寨村对养老保障政策的宣传存在盲点。

（一）大寨村养老保障观念较为滞后

养老保障观念影响着大寨村村委会及村民对于养老保障体系的认知及构建水平。大寨村村委会及村民养老保障观念较为滞后，阻碍了该村养老保障体系的进一步发展。

首先，大寨村村委会对于养老保障的认识集中于经济供养上，

而忽视了精神慰藉等方面，导致社区养老保障措施的单一性。在物质保障上，家庭、集体、政府都给予了一定的经济资助，可在一定程度上满足大寨村老年人基本生活所需。而在精神保障上，该村老人主要依靠配偶、子女的精神慰藉，村集体仅提供每年一次的“老年饭”，距离老年人的精神需要尚有较大差距。

其次，大寨村村民养老保障传统观念较强，极度依赖家庭养老保障，而对于养老机构及新农保的信任程度较低。大寨村村民深受中国传统文化影响，“养儿防老”等传统养老观念在村民心中根深蒂固。“新农保”虽已于全村普及，老年人日间照料中心也已在筹建，却因“养儿防老”等传统养老观念的影响，难以在短期内取得应有的效果。

（二）大寨村经济发展水平有限

大寨村养老保障体系不健全的根本原因在于大寨村经济发展水平有限，对于养老保障体系给予的物质支持不足。

如前文所述，改革开放之后，大寨村经济建设得到了迅速发展。2013 年，大寨村人均年收入突破 18 000 元，比全国农民人均年收入高出 9 100 多元[①]。然而，相比于沿海地区发达农村，大寨村经济建设成效有限。根据《江苏统计年鉴（2014）》，2013 年，江苏省江阴市、昆山市、常熟市、张家港市、太仓市农民人均年收入均突破 21 000 元[②]，而华西村的人均年收入更是突破了 8 万元。

经济建设成效有限的大寨村，难以拿出更多的资金推进养老保

① 郭凤莲：大寨村人均收入超 18 000 元 高出全国农民人均近万元［EB/OL］.（2014-3-10）. http：//news. cntv. cn/2014/03/10/ARTI1394414247174300. shtml.

② 江苏省统计局. 江苏统计年鉴（2014）［M］. 北京：中国统计出版社，2014.

障事业的发展。相比于集体经济不发达的农村，大寨村在养老保障事业发展中，取得了一定的成就。但是由于其经济实力有限，投入到养老保障中的资金仍显不足。如给村民发放的社区养老金，60~69 周岁的老年人为每人每月 200 元，70~79 周岁的老年人为每人每月 300 元，并不能完全满足老年人的生活需要。并非该村没有意愿提高发放标准，而是在其当前的经济条件下，只能发放这么多。

（三）国家养老保障政策与法律不合理、不完善

大寨村养老保障并非一个独立的个体，而是受着全国总体形势的影响。国家养老保障政策与法律不合理、不完善是大寨村养老保障体系不健全的外部原因。

首先，新型农村社会养老保险补贴政策不合理。政府针对不同的新农保缴费档次给予了不同的补贴政策，然而补贴政策并不合理。调研发现，大寨村村民缴纳 500 元的保费仅比缴纳 100 元的保费多得 20 元的补贴。如按照当地新的缴费档次与补贴政策，缴纳1 000元的保费与缴纳 500 元的保费所得补贴同为 50 元（县政府补贴 40 元+市政府补贴 10 元），这严重影响了村民缴纳更高层次保费的积极性。

其次，养老保障法律体系不健全。如前所述，中国农村养老保障法律尚不健全。一方面，《老年法》的相关规定不够完善；另一方面，迄今未有一部专门的关于养老保障的法律，使全国农村养老保障事业的发展处于无法可依的状态。这些都对大寨村养老保障的微观实践形成了负面影响。

（四）大寨村村委会对养老保障政策的宣传存在盲点

大寨村村委会对养老保障政策的宣传存在盲点是该村养老保障体系仍存在诸多问题的另一个原因。大寨村村委会养老保障政策宣

传主要在两个地方存在盲点：其一，国家养老保障政策宣传不到位；其二，老年人日间照料中心相关政策宣传不及时。

首先，大寨村村委会对国家养老保障政策宣传不到位。以新农保为代表的国家养老保障政策之所以实施效果有限，除了政策本身存在不合理之处之外，很重要的原因在于政策宣传不到位。部分村民反映，他们对于新农保政策不是特别了解，不知道自己最后能够拿到多少养老金，在考虑自己的经济条件后，选择了较低的缴费档次。

其次，大寨村村委会对老年人日间照料中心相关政策宣传不及时。大寨村村委会在筹建老年人日间照料中心之前，并未就该中心的建设在村民中进行广泛宣传，影响了大家对它的了解程度，难以发挥村民在中心建设中的积极作用。老年人问卷中，“对于大寨村筹建中的老年人日间照料中心的了解程度”一项中，选择“不了解”的比例高达 84%；中青年人问卷中，“对于大寨村筹建中的老年人日间照料中心了解程度”一项中，选择“不了解”的比例高达 87%。

小　结

本章将宏观分析与微观分析相结合，对中国农村养老保障的现状进行了较为系统的分析。

总体而言，中国农村养老保障事业取得的主要成就包括：新型农村养老保险在全国范围内普及；统一的城乡居民养老保险制度在逐步探索；社会养老服务机构规模扩大。存在的主要问题有：居家养老面临家庭小型化、农村空心化、老龄化及传统养老观念弱化等多方面挑战；新农保保障水平低；社会养老服务机构供给不足、地区差距较大；养老保障制度缺乏法律支撑。

在宏观分析的基础上，本书以山西省大寨村为调研对象，对农村养老保障进行了微观分析。笔者研究发现，从主要层次上看，大寨村养老保障体系包括家庭养老保障、社区养老保障、社会养老保障三个层次。从基本特征上看，该体系有养老保障体系相对完善、养老资金来源较为多样、受益群体十分广泛等特征。从构建经验上看，该村在发展社会养老保障事业过程中的经验主要有：坚持以党和国家政策为改革导向，因地制宜，适度创新；坚持以党支部以及村委会为领导，贡献出集体组织的力量；坚持以满足村民养老需要为目标，支持家庭养老保障。该村农村养老保障事业发展存在的问题主要有：首先，该体系总体养老保障水平较低，且侧重于物质保障，精神层面保障欠缺；其次，由于计划生育政策的严格实施及年轻人生育观念的影响，大寨村家庭规模相对缩小，使家庭养老的稳定性受到挑战；再次，老年人日间照料中心不够完善，在养老设施、人员安排、制度构建等方面存在欠缺；最后，新农保实施效果有限。之所以存在这些问题，深层次原因主要有：首先，大寨村经济社会发展欠发达，对养老保障事业的发展构成不利影响；其次，国家养老保障政策不合理、养老保障法律不完善，阻碍了大寨村养老保障体系的发展；最后，大寨村村委会对国家养老保障政策宣传不到位、对老年人日间照料中心相关政策宣传不及时，影响了相关养老保障政策及举措的实施效果。

第四章　农村养老保障国际经验借鉴

当前，中国正加快经济发展与改革的步伐，党的十九大明确指出，要实施乡村振兴战略，助力亿万农民享受与城镇居民同等的待遇。乡村振兴战略要想在各个层面达到预期的宏伟目标，离不开农村养老保障事业的不断发展。当今社会，东西方国家的发展都进入了“快车道”，各国经济往来日益频繁，彼此也了解对方在社会制度建设方面的若干经验与教训，尤其是在社会全民养老保障体系制度建设领域，农村居民是否能够实现“老有所依”，是各国政府高度关注的国家难题之一。综观世界各国的农村养老保障体系的建立与实践过程，可以发现不同的国家之间农村养老保障模式存在着较大差异。差异的产生具有某种程度的必然性，因为各国具有不同的政治体制、经济发展状况、宗教信仰甚至文化传统。许多国家尤其是发达国家已建立起较为完善的农村养老保障制度，并在常年实践中取得了丰富的经验与教训，这对他国开展农村养老保障研究、完善我国的农村养老保障制度都具有重要的借鉴意义。

结合前期文献研究，我们将各国农村养老保障模式划分为三大类：第一类是以新加坡和智利两国为典型代表的“储蓄积累型”养老模式；第二类是以瑞典、英国、加拿大和巴西为代表的“全民共享型”养老模式；第三类则是以德国和日本为典型代表的“社会保障型”养老模式。本书将基于这三种农村养老保险模式的基本内容、各自特点展开论述与评价，以期为我国农村养老保险制度的改革提供必要的经验与可借鉴的启示。

第一节 “储蓄积累型”养老模式

“储蓄积累型”养老模式最早在20世纪50年代左右由新加坡政府设计并在社会进行推广，80年代以后一些南美洲国家如智利和阿根廷纷纷效仿。这种养老保险模式的基本特征在于高度强调社会居民个体责任，保险基金由劳动需求方和供给方按工资收入的一定比例构成，而国家基本不负担保险费。国家只需要承担最低养老金和基金最低回报率的补贴，并在相关问题的研究中提供政策支持，同时对居民个体进行监督与管理。

一、新加坡经验

新加坡，旧称新嘉坡、星洲或星岛，别称为狮城，是东南亚的一个岛国，与中国香港、中国台湾和韩国并称为“亚洲四小龙”。其国土面积714.3平方千米，人口540万人。新加坡国土面积很小，这就意味着其耕地面积有限，其农村地区主要发展颇具特色的都市农业，主要作物类型包括果树、蔬菜、花卉等经济作物。都市农业以现代集约的农业科技园区为依托，借助农业高科技手段，最大限度地追求高产值。

新加坡是世界上最年轻的国家之一，也是社会成员老龄化速度最快的国家之一，仅仅用了十年时间，该国老龄人口所占比例就由7%上升至接近20%[①]。为了应对人口老龄化，增进老年人福利，该国自1955年便建立了中央公积金制度。该公积金包括四个账户，养老保障账户是其中之一。新加坡的养老保障具有以下特点：

（1）资金来源为雇主和雇员缴费。新加坡公积金制度为每位公共部门和私人部门雇员建立个人账户，规定在工作期间，雇主和雇员必须按照雇员工资的一定比例缴费并进行累积，退休后的养老金跟个人工作时的缴费数额挂钩。政府只承担让利、让税的义务。[②] 这种方式减轻了政府的财政负担，也激发了国民的奋斗精神。

（2）国家统一管理。根据相关规定，新加坡的住房公积金由隶属于劳工部的中央公积金局统一管理，具体投资运营者包括新加坡货币管理局和新加坡投资公司。住房公积金在管理过程中所得利率由政府决定，保证会员获得利率不低于2.5%，特别户头、保健储蓄户头以及退休户头的存款利率可得到额外的1.5个百分点。若会员希望获得更高的回报率，可以通过法定的托管人在政府规定的投资工具内自行投资以获得更高收益。由政府统一管理的国民储蓄为新加坡提供了大量的建设资金，有力地推动了该国经济持续健康发展。

（3）法律保障。新加坡颁布了《中央公积金法》（Central Provident Fund Act），从法律上保证了参保人员的各项权益，并对相关部门的行为进行了有效监督。

---

① 朱凤梅．新加坡养老保障体系：制度安排、政府角色及启示［J］．社会政策研究，2018（1）：26-46.

② 李志明，章空尽．新加坡中央公积金制度对中国养老保障的启示［J］．理论界，2006（2）：113.

二、智利经验

智利被认为是拉美地区社会福利水平较高的国家之一，国土面积超过75万平方千米。自1979年起，智利推行自由化改革，社会保障私有化制度也一并推行，社会上形成了“为自己负责”、强调社会成员发挥主观能动性的风气。20世纪80年代，智利政府修订了《养老保险法》，逐步改革了缺乏统一制度约束、呈现碎片化特征的现行养老保险制度，率先在南美洲国家范围内建立起了带有强制性的个体储蓄积累模式的新型农村养老保险。这一制度首次将农民等自雇人员纳入保障范围，社会公平程度显著提升。具体来说，《养老保险法》制定了如下一些规定：

（1）资金来源主要为参保人员单独缴费。任何一位参保人员皆需创建个人养老金账户，并要按月将工资的10%缴纳养老保险金。政府与雇主不必为参保人员缴纳保险费，但是，国家出台了相应的优惠政策。不过，也有例外，对于参保已20年但是退休时仍然没有能交够最低保险金限额的，政府必须将缺额补足。在具体实践过程中，依据养老基金管理公司与银行的合同，由银行组织收费，企业为雇员代扣代缴养老保险金。

（2）资金运营上，由法定公司进行管理。个人账户由缴费者自主选择某家获得国家法律认可的养老基金管理公司负责管理，随个人账户余额的不断增加及公司对养老金进行投资获得增值而形成最终的养老基金池。这些公司在成立时普遍是有限责任公司，即属于股份民营公司范畴，且政府规定其只能从事养老基金的收入、支出及相关投资业务。它们的相关收入需要根据法律规定纳税，同时养老基金资本化部分的收益皆要被纳入养老基金管理。为了鼓励更多合规的公司开展养老基金管理业务，政府同时支持此类公司按参保者工资的3%收取酬金用于管理。其中一部分用作伤残保险费，剩下部分成为公司的营业收入，以激励公司开展相关投资业务。如果公司经营不善导致破产，也只会导致其本身资产的流失，而不会减损所管理的养老金部分，这在最大限度上平衡了公司追求利润最大化的需要与个体强制性储蓄养老保险制度对养老金受益者的保护。

（3）领取方式上，可以有多种选择。当参保者达到法定退休年龄时，按照个人账户存款的数额及其资本化后保险金的增值数额领取养老金。根据法律的规定，社会成员中的女性年满60岁、男性年满65岁，并且缴费期满20年，就能够从计划提款方式、终身年金方式、临时支取加终身年金方式三种给付方式中选择一种方式来领取养老金，领取的养老金可达到他们平均工资的25%。①

三、评价

“储蓄积累型”养老模式实行个人账户的完全积累，强调的是个人责任，有利于激励与发挥参保农民的自我保障潜能并提高其自我财产保护意识。本书所列举的国家大力支持和提倡这一养老模式，并提供一定的政策优惠，因此参保人员个人账户中基金的回报率一般高于银行同期利息率而具有较高的收益，能够有效抗衡通货膨胀，基本能够保障农民晚年的基本生活。同时，这一养老模式受人口老龄化的影响较小，对国家财政的依赖程度也较低。不过，“储蓄积累

① 刘影春. 农村社会养老保险制度建设的国际经验及启示［D］. 华中师范大学，2013.

型”养老模式同样存在着缺陷：由于它十分注重对效率的追求，往往缺乏社会公平，不利于个体财产减损的风险分担与防范。此外，受基金管理公司积极性高低的影响，个人账户中的养老金要保值增值也比较困难。

第二节 “全民共享型”养老模式

“全民共享型”农村养老模式又被称为“国家福利型”养老模式，因为该模式强调国家在社会养老中的绝对责任，比起“储蓄积累型”养老模式强调个体的具体贡献来，它更强调社会在财产分配制度上尽力达到公平的状态，并且政府往往以消除贫困和实现收入均等化为长期政策目标。在这种养老保障模式下，农民和其他国民一样享有以国家为主力提供者的养老待遇。养老基金实行现收现付制的财务模式，绝大部分甚至全部的基金来源于国家财政，个人基本不需要贡献任何保险费。“全民共享型”养老模式发端于二战结束以后的英国，在20世纪50~60年代快速发展，并在国际上流行。其主要代表国家为瑞典、英国、加拿大和巴西等。

一、瑞典经验

瑞典，全称瑞典王国，位于北欧斯堪的纳维亚半岛，西邻挪威，东北与芬兰接壤，西南濒临斯卡格拉克海峡和卡特加特海峡，东边为波罗的海与波的尼亚湾，与丹麦、德国、波兰等国隔海相望。其总面积约45万平方千米，人口969万人。它是一个高度发达的资本主义国家，社会福利制度极其健全，在联合国开发计划署的人类发展指数中名列前茅。该国长期实行“全民共享型”养老模式，其主要特点如下：

（1）保障范围极其广泛。瑞典的养老保险覆盖范围较广，包括所有本地居民（工人、农民等）和在瑞典工作过一定时间的人员，以及在瑞典工作过的其他欧盟国家人员。

（2）养老保险费用主要由国家承担。瑞典普遍年金的来源包括三个部分，分别为基本养老保险缴费、国家财政补贴和地方财政拨款。除了普遍年金，还存在附加年金，其来源是养老保险缴费和基金利息收入。劳动力供给双方无须额外缴纳保险费，但是雇主要缴纳47%的工资税，政府负担基本养老费用总额的比例超过了50%。①

（3）保障水平较高。瑞典养老保险制度的保障水平较高，实行高税收、高福利，在一定时间内对本国经济具有促进作用，但是，也严重挫伤了劳动者的工作积极性，损害了其经济竞争力。

值得注意的是，20世纪90年代中后期，瑞典对养老保障制度进行了根本性的改革，大幅度削减福利水平，强化个人缴费责任，建立了个人账户制度，实现了养老待遇与个人缴费完全挂钩。瑞典的相关经验和教训值得我们学习和借鉴。“骐骥一跃，不能十步。”必须根据生产力发展状况，逐步提高农村养老保障水平，而不能寄希望于在短时间内普遍实现高福利。②

---

① 王兰芳，周蕊．美国、瑞典养老保险制度的比较及对我国的启示［J］．南京理工大学学报（社会科学版），2005（18）：57.

② 中共中央文献研究室．十八大以来重要文献选编（中）［M］．北京：中央文献出版社，2016：832.

二、巴西经验

巴西即巴西联邦共和国，位于南美洲东南部，与乌拉圭、阿根廷等国接壤。该国幅员辽阔，国土总面积 851.49 万平方千米，约占南美洲面积的 46%，居世界第五位。它是“金砖五国”之一，是拉丁美洲国土面积最大和经济实力最强的国家。该国人口众多，总人口 2.01 亿。其中，农村人口占全国总人口的比例接近 20%。它具有相对丰富的农业资源，被认为是第三世界国家中农业最发达的国家之一。由于极不均衡的土地分配状况，占农场总数 85%的自给性小农和小庄园主仅占有较少的土地，他们采用人工作业，经济收入处于较低的水平，急需获得政府养老保险给予其老年生活一定保障。结合巴西国情和具体发展经历，目前巴西的农村养老保险制度采取非缴费型的带普惠性质的全民福利模式，其养老资金绝大部分来源于政府的财政补贴。为了满足几乎所有巴西农村人口养老保险的实际需要，政府主要实行了普遍保障型农村年金计划与非缴费型农村社会救助年金计划两大项目来维系养老金的供给。

（1）普遍保障型农村年金计划。这一计划主要保障农村 65 岁以上的各类人群，包括身体残疾者与孤寡老人。计划资金主要来源于政府的税收和发行政府类金融产品（如国债）的收入。政府对农产品初次销售额的 2%进行征税，同时城镇雇主需缴纳 3%的工薪附加税，最终政府财政投入可以占到保险年金基金的 90%以上。该项计划实施均一型给付方式，各类户主是保险金直接受益人，其最终养老金待遇水平为农村最低工资的一半。此外，巴西政府规定领取养老金的条件是户主从事农业劳动的年限，并保证了农民获得的养老金最低不得低于法定最低工资。这在很大程度上改善了巴西农村老人的生活状况。

（2）非缴费型农村社会救助年金计划。20 世纪 70 年代，巴西军政府颁布相关法律政策，正式制定了“救助农村劳动者计划”。不到一年时间，军政府再次颁布法令，规定无论本国农民是否缴纳过社会保险金，政府每月都会发给其一笔生活费，其金额按当时规定的社会最低工资的一定比例计算得出。[①] 该项计划以居民收入调查为基础，为低收入的农村老年人以及没有独立的经济来源的残疾人提供额度统一的养老金，其数额为法定最低工资的 50%。救助资金全部来源于中央政府财政，因此这种农村社会救助年金计划旨在让所有农村居民享有统一的养老金。

三、评价

“全民共享型”养老模式由国家出面，以追求分配制度公平为主要目标，因此可以最大限度地惠及本国各个层次和阶级的居民，体现了充分的社会公平性，强调了各级政府在养老保险制度中的主要责任。但是这种模式也有不小的问题，那就是维持全面的社会福利制度需要很庞大的财政支出，最终往往使得政府的财政压力逐年上升，则政府必然要以较高的税收作为弥补。高税收使得社会平均劳动力成本逐渐上升，降低了企业的国际竞争力。此外，有研究指出，这种模式的养老保险制度会很大程度地牺牲社会生产效率，甚至会使部分民众过分依赖国家和政府的养老年金计划，导致个体工作激情大幅度降低。

---

① 白维军. 巴西农村养老金计划及其对中国的启示［J］. 经济问题探索，2010（7）.

第三节 “社会保障型”养老模式

目前，社会保障型的农村养老保险模式是国际上获得较多认可的一种模式。在诸多国家，该模式最初服务于城镇老年人，在获得巨大成功之后，逐渐普及到了农村地区。在养老保险金缴纳方面，该模式要求国家和个人分担一定比例，强调了个人的责任。需要注意的是，根据国务院近期发布的指导意见，我国目前实行的农村养老保险制度也属于“社会保障型”模式。国际上采用社会保障型农村养老模式较为成功的国家为德国和日本，相关制度内容与经验评价如下所述。

一、德国经验

德国，即德意志联邦共和国，领土面积为357 167平方千米，人口约8 110万人，是欧盟中人口最多的国家。德国是一个高度发达的资本主义国家，社会保障制度完善，人民生活水平极高。它虽是最早建立社会保险制度的国家，但其养老保险起初只覆盖了独立经营的雇佣者，二战结束后才扩展到独立经营的农民，并逐渐将农业、林业企业主及其配偶和家属作为法定投保人。德国的农村社会养老保险主要有以下特点：

（1）受益者为特定人群。德国现行养老保险体系由两大系统和六个子系统构成，针对农民的社会养老保险属于独立经营者养老保险体系①，主要针对拥有农林企业的农场主、农场主配偶、与农场主共同劳动的家庭成员。而农业从业工作人员是被不同农业企业雇佣的，其性质类似于城镇工厂中的雇佣工人，因此政府要求他们参加法定社会养老保险（雇员养老保险体系），并不属于农民社会养老保险。

（2）缴费不与农民的收入挂钩。由于农业生产过程往往伴随着较大的风险性，导致农民的收入具有一定的不确定性，故政府规定参保农民缴纳的社会养老保险费不与农民的经营规模、农场数量及收入等相关联。此外，年收入低于 30 000 德国马克的农民，还能够在政府那里领取缴费补贴。统计数据表明，德国农村现有超过半数的参保者获得了缴费补贴。农村养老保险制度的资金来源主要有两部分，一部分资金来源于联邦政府的补贴，另一部分来源于投保人缴纳的保险费。

（3）给付条件与给付方式有特殊规定。根据相关政策规定，参保的 50 岁以上的农场主通过继承、出售或长期租让等方式移交其农业企业并脱离农业劳动的退休人员，可与年满 65 岁（男）和 60 岁（女）、缴费期满 180 个月的男性和女性成员享受同等待遇的老年年金。德国农民养老金的给付主要采取现金方式，但在某些情况下也可以通过实物给付。

（4）保险金的运营管理与监督方面，多元主体共同参与。社会保险管理机构按行业不同和地区不同分别设立，同时吸收雇主协会和工会参与，一同协商和民主管理社会保险基金，呈现出较强的独立性。但政府在管理中仍发挥着不可替代的作用，比如劳动与社会

① 陈桂华，毛翠英. 德、日农民养老保险制度的比较与借鉴［J］. 理论探讨，2005（1）：67.

保障部承担着统一的立法、管理与监督责任，而中央管理机构担负费用筹集与征收、战略决策、协调管理等职责。

二、日本经验

日本位于亚洲东部、太平洋西北面，总面积 37.8 万平方千米，总人口约 1.26 亿。日本是一个高度发达的资本主义国家，人均收入水平较高。同时，作为一个单一制国家，政府权力较为集中，在经济社会发展中占据着主导地位。日本从 20 世纪 50 年代开始农村养老体制改革，经过近 70 年的发展，形成了较为完善的农村养老保障体系。日本政府根据农村人口的状况及现实需要，设计及调整农村养老保障制度，且政府仍在不断完善相关的法律体系。1990 年，为了提升农民养老保障待遇，日本政府颁布了《国民年金基金法》，按照该法提升年金的市场运作，以获取更大收益。该国农村养老保障具有以下特点：

（1）养老金的给付为固定养老金与附加退休金的结合。日本农民在 65 周岁退休之后，除了领取固定养老金之外，还可领取额外的附加退休金。2004 年以后，日本政府对于农民年金的给付比重达到了 65%（包括政府与农协共同给付的资金比重），大大超过了 1975 年的水平。

（2）农村养老金的管理较为公开、透明。日本政府构建了一个公开、透明的管理机制——在中央及地方成立了农民养老年金管理委员会，负责农民养老年金资金筹措以及预算管理，负责编制农民养老年金的增值及投资计划；在投资过程中，农民养老年金主要是投资于国债以及通过信托机构投资于不动产或其他产业，严禁投资于股市，以确保养老年金保值增值。此外，政府除了给予营业税、所得税优惠之外，还在管理费用及经营费用方面给予财政支持，以提升农民年金基金管理机构的积极性，更好地为农民年金基金创造更大的增值额。

（3）强化养老保障中的精神抚慰。在实践中，日本在制定农村养老保险制度过程中明显区别于其他国家之处在于政府很早就注意到农民养老问题不仅仅是资金问题，还涉及老年居民中常见的精神抚慰问题。日本是一个人口老龄化比较严重的社会，这一情况在农村地区较为突出，农村地区 65 岁以上的空巢老人不但面临生活上的自理问题，更面临精神上的空虚与寂寞。为了有效地改善这一情况，日本政府加大了在农村地区设立带有精神抚慰性质的养老院的力度。据统计，2012 年，这类较为特殊的农村老年保健服务机构突破了 3 万家，每年可以为 55. 8 万人提供保健、心理健康及护理服务。这种农村社区及居家养老保险模式要好于一般的机构养老模式，特别是老年农民在 65 周岁之后如果卧病在床，则可以享受到优质的陪护服务。护理制度的建立，极大地提升了老年农民的晚年生活质量，也在一定程度上解决了老人的心理孤寂问题，被视为日本在发展农村养老保障制度过程中的改革特色之一。

三、评价

社会保障型养老模式中，养老金的筹集呈现出明显的多元化趋势，养老金的来源构成包括个人、政府与社会，这有利于对农村老年人基本生活的保障，而全方位养老保障体系的形成是社会保障型养老保险制度建设强有力的支持。值得注意的是，社会保障型养老模式强调了权利和义务在一定范围内的对等态势，参保者所享受的社会养老保险权利及待遇高度取决于其自身在这类社会养老保险制度中的实际支付情况。此外，这一模式实行的是现金收付制，制度的保障程度和保障水平相对较高，但不足之处是保险费用需通过高额的社会保障税收予以维持，养老金的个人积累来源较少，难以应对未来人口老龄化加剧的威胁。

小 结

本章将各国农村养老保险模式分为三种类型："储蓄积累型"养老模式、"全民共享型"养老模式、"社会保障型"养老模式，并对它们的基本内容、各自特点展开论述与评价。

"储蓄积累型"养老模式以新加坡和智利为代表，实行个人账户的完全积累，更多强调的是个人责任，对国家财政依赖较低，但是该模式过于追求效率，往往缺乏公平。

"全民共享型"养老模式以瑞典、英国、加拿大和巴西为代表，该模式最大限度地扩大了养老保险的覆盖面，体现了充分的社会公平性，并强调政府在养老保险制度中的责任。但是，该模式的财政压力较大，且过分强调公平，在一定程度上牺牲了经济效率。

"社会保障型"养老模式以德国、日本为代表，该模式强调多元化的养老基金筹集、权利和义务的对等，并实行现收现付制，其缺陷在于保险费用需通过高额的社会保障税收予以维持，养老金的个人积累较少。

第五章　中国农村养老保障发展的创新路径

恩格斯认为："分配方式本质上毕竟要取决于有多少产品可供分配，而这当然随着生产和社会组织的进步而改变，从而分配方式也应当改变。"① 解决农村养老保障问题，必须考虑两点：一为农村基本状况，二为农民养老保障需要。本章根据以上两点，结合我国农村养老保障事业的现状，提出了中国农村养老保障事业发展的若干对策建议。

第一节　树立新型养老保障观念，构建养老、孝老、敬老文化

毛泽东在《新民主主义论》中指出："一定的文化（当作观念形态的文化）是一定社会的政治和经济的反映，又给予伟大影响和作用于一定社会的政治和经济。"② 养老保障观念的滞后与养老文化的淡化对中国农村养老保障事业的进一步发展造成了不利影响。在新时代，必须树立新型养老保障观念，构建养老、孝老、敬老文化。

---

① 马克思恩格斯选集：第4卷［M］. 北京：人民出版社，2012：599.

② 毛泽东选集：第2卷［M］. 北京：人民出版社，1991：663.

一、树立新型养老保障观念

首先，各级政府要加深对于养老保障的理解，从“经济供养”扩展到“精神慰藉”“生活照料”等更为丰富的层面。观念上的改变是行动上改变的前提，唯有养老保障观念摆脱单一的“经济供养”，农村的养老保障举措也才能从单纯的经济层面扩展开来。

其次，农村居民要逐步改变“养儿防老”的传统养老保障观念，逐步培养“自我养老”“社保养老”“机构养老”等新型养老保障观念。随着家庭规模的缩小、市场经济的冲击及西方文化的侵蚀，传统的“养儿防老”观念已不切实际。在新的养老保障形势下，只有将观念从“养儿防老”更新至“自我养老”“社保养老”“机构养老”等新型养老观念，才能增强当地居民对于新农保、老年人日间照料中心的信任程度，消解家庭养老保障能力弱化带来的不利影响。

二、构建养老、孝老、敬老文化

中国传统文化格外重视“孝道”。《诗经》中有“有孝有德”①，意即孝道是最大的德。孔子曾言:“三年无改于父之道，可谓孝矣。”②成书于先秦时的《孝经》则是宣传孝道最完备的著作③。当前，人口老龄化已成为全社会面临的重大难题，农村人口老龄化形势更为严峻。而随着市场经济及西方利己主义文化的侵袭，传统孝道文化摇摇欲坠，对养老保障事业尤其是家庭养老保障构成了巨大挑战。在此情况下，

---

① 张兆裕. 诗经［M］. 北京：中国友谊出版公司，1997：305.

② 阎韬，马智强. 论语全译［M］. 南京：江苏古籍出版社，2000：4.

③ 李辉. 论建立现代养老体系与弘扬传统养老文化［J］. 人口学刊，2001（1）：45-51.

必须加强“孝道”文化建设，构建新型养老文化，在全社会营造养老、孝老、敬老的良好氛围。在对大寨村养老保障事业进行实证分析后，笔者也认为该村迫切需要推进养老文化建设：

首先，要以马克思主义为指导，以现实情况为依据，对传统养老文化进行提升，去其糟粕，取其精华，形成富有时代特色的新型养老文化。传统养老文化有其糟粕，也有其精华，还有不适合当代社会之处。糟粕如“君君，臣臣，父父，子子”[①]“君为臣纲、父为子纲”的等级观念，“身体发肤，受之父母，不敢毁伤”[②]的愚孝，以及“不孝有三，无后为大”的狭隘性；精华如“民知尊长养老，而后乃能入孝弟”的以孝为本，“谨身节用，以养父母”“居则至其敬，病则至其忧，养则至其乐，丧则至其哀，祭则至其严”[③]的全方位养老；不适合之处如“三年无改于父之道，可谓孝矣”[④]。因此，必须在马克思主义理论指导下，对传统孝道文化进行扬弃，形成符合当代中国实际的新型养老、孝老、敬老文化。

其次，要将孝道文化作为一种社会公德、为人美德融入社会主义核心价值体系中，综合运用报纸、杂志、宣传车、电视、广播、互联网等各种媒介对其进行大力宣传，促进全民“养老”“敬老”“孝老”观念的形成。在市场经济及西方文化冲击之下，孝道文化已逐渐被人们忽视甚至遗忘。为此，在积极培育新型养老文化的同时，也要对孝道进行大规模的宣传。要发掘孝道传统典籍，进行符合时代特色的阐发，鼓励大家阅读、践行；利用宣讲等形式在农村青少

---

① 阎韬，马智强. 论语全译［M］. 南京：江苏古籍出版社，2000：95.
② 喻岳衡. 孝经·二十四孝图［M］. 长沙：岳麓书社，2006：3.
③ 喻岳衡. 孝经·二十四孝图［M］. 长沙：岳麓书社，2006：14.
④ 阎韬，马智强. 论语全译［M］. 南京：江苏古籍出版社，2000：4.

年中广泛宣传老一辈艰苦奋斗的历史，尤其是增强对当年的优秀人物、优秀事迹的正面宣传，加强青少年对于老年人的尊敬心理；设计具有操作性的评选标准，进行养老敬老优秀家庭及优秀个人评选，对于评选优胜者，可进行物质及精神的双重奖励，以激励村民的尊老敬老热情，号召人民群众交流、模仿，使各家各户形成“争着赡养”而非“被逼赡养”的良好氛围；要将孝道故事制作成电影、电视剧、短片等，通过多媒体进行传播，以吸引观众欣赏、学习；要采用良好的孝文化载体，满足老年人的精神需要，例如，学习大寨村每年在重阳节举办“老年饭”活动等。

第二节　优化完善顶层设计，健全多元化农村养老保障体系

农村养老保障是一个复杂的系统，仅仅采取“头痛医头，脚痛医脚”的措施，无法解决根本问题。而大寨村养老保障事业的成功之处，正在于构建了由家庭养老保障、社区养老保障、社会养老保障构成的养老保障体系。在新形势下，中国要以满足老年人需要为目标，坚持以家庭养老保障为基础、社区养老保障为依托、社会养老保障为支撑，加强养老保障法律构建，优化完善顶层设计，统筹发展多种养老方式，建立健全更加公平可持续的农村养老保障体系。

一、构建养老保障法律体系

党的十八届四中全会指出，“全面建成小康社会，实现中华民族

伟大复兴的中国梦，全面深化改革，完善和发展中国特色社会主义制度，提高党的执政能力和执政水平，必须全面推进依法治国”①。为构建完善的养老保障体系，发展养老保障事业，同样必须构建养老保障法律体系，提高法律实施效力。

首先，积极吸收先进国家立法经验，根据养老保障实际需要，制定“老年人养老保障专门法”。通过对各国农村养老保障的研究可以发现，西方发达国家有相对完善的农村养老保障法律制度，从农村养老保障目标、筹资、待遇、资金运营、管理和监督等方面以法律形式进行了有效规范。健全的法律制度是农村养老保障事业顺利发展的必要条件。中国的城市和农村地区之间的社会和经济发展差异大，农村养老保障事业的发展有其自身的特殊性。要按照中国农村实际情况，制定有中国特色的“老年人养老保障专门法”，该法要详细规定老年人养老保障目标、主体责任、原则、内容及相关制度，明确养老保障制度的原则、资金运作和管理、养老金福利等方面的规定，在此基础上，根据不同地区、部门的实际情况，研究、制定和完善相应的行政法规、地方法规和部门规章，形成适合国情的养老保障法律体系，使得养老保障有法可依。

其次，加强法律的实施力度，对没有依法办事的行为主体进行追责，最终做到养老保障法律体系的“有法必依，执法必严，违法必究”。“有法不依，执法不严”的现象在现实生活中普遍存在，严重损害了法律的威信，不利于经济社会的稳定发展。在养老保障法律体系构建完成后，要通过法律宣传、依法追责等方式加强法律的

① 中共中央关于全面推进依法治国若干重大问题的决定［N］. 人民日报，2014-10-29(001).

实施力度，以法律的强力实施促进养老保障事业的发展。

二、充分发挥家庭在农村养老保障中的基础性作用

在社区养老保障、社会养老保障发展不充足的农村，仍需要家庭为老人提供物质赡养、生活照料与精神慰藉。针对当前空巢老人增多的问题，可提倡家中有老人的子女就近工作，以方便其履行养老义务；对于长期异地工作的中青年人，工作部门要安排探亲假，鼓励他们常回家看看，以减轻老人的孤独感，满足老人的精神需要。要充分发挥家庭在农村养老保障中的基础性作用，让每一位老人都能生活得安心、静心、舒心，都能健康长寿、安享幸福晚年①。

三、因地制宜发展社区养老保障

社区（村庄）是农村老年人活动的主要区域，是他们的精神依托。各地要根据当地实际情况，发展多种形式、适合老年人需要的社区养老保障。例如，经济条件较好的社区可适当地发放社区养老金，并可与其他组织联合建设养老机构。对于社区养老机构，国家要从入住老人条件、资金来源、应急处理、人员管理、服务标准等方面，制定出统一的、详细的、可行的农村社区养老机构标准，以提高养老机构服务的总体质量。与此同时，在养老机构的基本设施方面，要规定各类设施的规格、报废年限。在人员安排上，要规定管理人员及服务人员的从业资格、培训标准等，聘请专家对普通管

---

① 新华网．习近平李克强寒冬问民生［EB/OL］．（2013－12－30）．http：//news.xinhuanet.com/politics/2013-12/30/c_118756390.htm.

理人员、服务人员进行全面、系统且专业的培训，提升工作人员整体素质，并提高专业人员待遇水平，以吸引较高素质的专门人才来社区养老机构工作。在设备上，农村养老机构要按照当地老年人的实际需要，以较高的标准进行设备更新与维护，避免设备老化可能带来的意外事故，降低设备老化对老年人身心造成的不利影响。服务上，社区养老机构要根据不同老年人的身体状况、生活需要，设立不同的服务标准。那些身体较好的老人，可能仅需提供一日三餐及其他娱乐消遣服务；而那些身体较差的老人，则需要有专门的医疗人员、专业的医疗设备进行照料。宣传上，社区养老机构要以入住老年人的生活状况的实际改善为例子，积极鼓励有机构养老需求的老年人入住社区养老机构。

四、积极发展社会养老保险

我国已经进入了一个伟大的新时代，党的十九大报告对社会保障体系建设提出了新的要求，即全面建成覆盖全民、城乡统筹、权责清晰、保障适度、可持续的多层次社会保障体系。这个要求植根于2020年全面建成小康社会的伟大背景，所以重点是“全面”，全面是底线，是基本，是无差别，无论城乡之间、职业差别、体制内外，只有一个惠及所有人民，让所有人共享发展成果，从中获得安全感的保障体系，才能支撑全面建成小康社会的宏伟大业。体现在农村养老保障体系上，就是要加快全面建成一个既惠及全民的兜底线，又充分满足农村老年人对美好生活的追求的高质量的社会养老保险制度。本书认为社会养老保险制度应包括以下三个内容：

首先，建立非缴费性基础养老金制度兜底线。非缴费性基础养老金即为不需任何其他条件，只要达到一定年龄，不分城乡、职业、男女就能领取的养老金，是体现政府财政责任的重要手段，是底线公平的重要体现。我国已经成为世界第二大经济体，已经具备实施全民覆盖的非缴费性养老金制度的能力。2016 年我国 GDP 总值达到 744 127亿元。其他发展中国家如印度、巴西、阿根廷、南非等国的非缴费性养老金支出占 GDP 的比例一般为 1%左右。同时世界银行早在 2005 年时就倡导“五支柱”养老保障体系，其中的零支柱就是非缴费性养老金制度，旨在保证老年人最基本的生活需要，防止老年贫困。非缴费性基础养老金领取的资格标准可以设定为年满 60 岁以上。非缴费性基础养老金的发放标准可以参考农村最低生活保障，满足农村老人的最低消费水平，并且可以根据各地农村实际消费水平设立动态浮动机制，保证农村老人最基本的生活需要①。

其次，建立个人账户，提供多元缴费服务档次。要通过建立养老保障的个人账户为参保者提供多元缴费服务。这种多档次缴费服务可供农民根据自身的经济实力进行选择，满足农村老人的差异化需求，但要主动引导农民提高缴费水平，实现多缴多得的政策目的。为实现这一目的，一方面，要鼓励经济发达地区的政府适当提高缴费档次的政府补贴水平；另一方面，在政策设计上，应打破既定的政府财政固定值补贴，而采用个人缴费档次与政府财政补贴同比例增加的方法，吸引参保人提高缴费档次。② 同时，还要完善长缴多得政策。长缴多得政策即鼓励参保人在人生的早期就积极参与养老保

① 景天魁，杨建海. 底线公平和非缴费性养老金：多层次养老保障体系的思考［J］. 学习与探索，2016（3）：32-36.

② 于建华，薛兴利，毕红霞. 农村基本养老保险保障水平及其差异性分析［J］. 农业经济问题，2016（8）：41-50.

险费的缴纳，是一种通过“自助”的方式，实现人生总财富在个人不同生命周期之间进行转移支付，从而实现早缴多得的政策目的。为实现这一政策目的，一方面要明确规定与当地经济水平相适应的长缴多得最低水平以及具体方式，另一方面要将长缴多得政策与多缴多得政策相结合，使之更具吸引力。

最后，逐步建立养老金的调节机制与可携带机制。养老金的调节机制即养老金的政策补贴应该随经济的发展而增加的阶段性调节机制。这种调节机制是为了保障老年农民能及时共享发展成果，因而在制度上应明确规定调节的时间、调节的规则、调节的条件等，从而实现养老金补贴根据经济发展状况进行常态化调节。养老金的可携带机制即在建立养老保险的个人账户的基础上，随着参保人在城乡之间、职业之间、体制内外的转移，养老保险亦能自由衔接，就像可携带的个人财富一样。[①] 这种机制的建立是为了应对日益加快的城镇化进程的挑战，最终实现养老保障制度的城乡融合。

第三节　推动养老保障的城乡制度融合，灵活应对新矛盾变化

党的十九大报告做出了我国社会主要矛盾已经发生了根本性转化的重大判断，主要矛盾的转化要求我们构建新时代的农村养老保障体系时，要更加注重解决养老保障中的不平衡不充分问题。而我

① 程杰. 共享的养老保障体系：主要矛盾与改革方向［J］. 人文杂志，2016（11）：20-30.

国最大的不平衡在农村，最大的不充分也在农村。本书认为我国农村养老保障体系应立足于新时代主要矛盾变化的实际，加快推动养老保障的城乡制度融合，补上农村养老的短板，改变城乡养老保障的二元格局，缩小城乡差距，为全面建成小康社会提供有力支撑。具体包括以下内容：

一、融合农村社会养老保险与城镇居民养老保险

养老保障制度的城乡融合第一个阶段即为融合农村社会养老保险与城镇居民养老保险为城乡居民养老保险。早在 2014 年，国务院就出台了《关于建立统一的城乡居民基本养老保险制度的意见》，意见明确指出要将“城居保”和“新农保”进行合并，并预计 2020 年建成城乡统一的城乡居民养老保险制度。但目前涉及具体的城乡转移衔接操作层面，还存在着核对、计算、划转基金模糊的问题，因此，要真正实现二者的融合，还应该进一步明确标准和规则，比如衔接的条件和时点，以及缴费年限的计算和资金转移的具体办法等。①

二、融合农民工养老保险与城镇职工养老保险

农民工由于户籍等原因，往往在城市工作中遭受就业歧视、待遇歧视以及保障歧视，比如农民工与城镇职工在同一就业单位，但是农民工仅仅享受较低水平的城乡居民养老保险，而不能与城镇职

① 张向达，张声慧. 中国城乡居民养老保险可持续发展研瞻［J］. 东北财经大学学报，2017（3）：46-52.

工同等享受相对高水平的城镇职工养老保险。① 要打破这样的鸿沟，就要将农民工纳入城镇职工养老保险之中，引导其缴纳与其能力相适应的职工保险，享受其所在单位的社会养老集体补助的权利。

三、融合城乡居民养老保险与城镇职工养老保险

国务院在2014年发布了《关于建立统一的城乡居民基本养老保险制度的意见》等相关文件，已经推动了农村养老保险与城市居民养老融合为城乡居民养老保险，但是我国养老保障体系中最难以攻克的堡垒并不在于基础养老保险，而在于城乡居民养老保险与城镇职工养老保险的融合。这其中的差距主要在于前者单纯依靠政府财政支持，具有社会福利的性质，而后者主要依靠单位，有更高收入的单位往往能为本单位职工缴纳更高的养老保障金进行风险共担，才真正具有社会保险的性质。② 另外，城镇职工养老保险也要有更加严格的缴费规则，比如需要完整的缴费记录以及一定的缴费年限。所以，要将这两种保险制度统筹融合在一起，需要更加重视政府的作用，加大财政投入，政府需要承担类似于“单位”的责任，同时更加重视缴费规则的统筹，就高不就低，维持适度可持续。只有这样，才能打破以前按城乡、职业分割的二元保障制度的格局，为全面建成小康社会，共享社会发展成果，实现共同富裕打下坚实的基础。

---

① 蒋军成，高电玻，吴丽丽. 农村社会养老保险制度保障效果及其城乡统筹［J］. 现代经济探讨，2017（4）：26-31.

② 蒲晓红，朱美玲. 统筹区域内城乡居民养老保险与城镇职工养老保险衔接办法的改进［J］. 农村经济，2017（3）：86-92.

第四节　增强养老保障要素投入，优化养老资源配置

一、多方筹集养老保障资金，提升资金安全系数

养老保障资金始终是制约养老保障事业发展和养老保障体系构建的重要因素。在养老保障体系建立健全的过程中，要借鉴大寨村经验，多方筹集养老保障资金，同时应建立长效机制，促进养老保障资金的保值增值，提升养老保障资金安全系数。

首先，逐步加大政府财政投入。目前，各级政府存在对新农保及其他农村养老保障事业投入比例较低，养老保障事业发展不足的现象。以山西省昔阳县的新农保为例，该县60周岁以上的老年人，每月领取65元的基础养老金，连基本生活都难以维持，新农保仅起到了隔靴搔痒的作用。要在现有基础上，在不危害财政安全的情况下，根据经济发展水平，逐步提高各级政府对于养老保障的财政投入。

其次，鼓励集体经济适当发展养老保障事业。集体经济是大寨村养老保障非常重要的资金来源，也同样可以成为较发达农村养老保障的重要资金来源。中国江浙等地有许多集体经济非常发达的农村，如华西村等。这些村庄的集体经济可以将部分利润投入养老事业中，健全本村及邻近村庄的养老保障体系。

再次，采取货币、财政优惠政策，鼓励社会力量发展农村养老保障事业。社会组织同样是养老事业发展的重要主体，但对其重视程度不足，在农村养老保障体系的建立健全过程中，极少见到它们

的身影。国家可采取货币、财政优惠政策，支持鼓励有条件的社会团体、企业参与农村养老保障。

最后，建立长效机制，保障社会养老保险资金的安全性。对于参保人员来说，最为担心的便是因为各种原因，年老后无法获得应得的养老金。为此，必须建立养老保障资金投资、增长、监督长效机制，确保养老保障资金的保值、增值，提升养老保障资金的安全性，降低参保人员的焦虑感。

二、加强养老保障专门人才培养，鼓励人才地区流动

在南方谈话中，邓小平指出："中国的事情能不能办好，社会主义和改革开放能不能坚持，经济能不能快一点发展起来，国家能不能长治久安，从一定意义上说，关键在人。"① 对于养老保障体系构建而言，人才的培养与运用也是至关重要的。当前，养老保障法律体系建设、养老保障资金筹集、新型养老文化培育及宣传等均需要大量专业人才。

首先，各大高校、职业院校及培训部门要适应养老保障事业发展的现实需要，设立养老护理专业，加大专业培训力度，培育专业人才，改变养老护理人才供不应求的局面。同时，社会保障、文学、法律、经济等相关专业也需针对现实，培养专门从事养老保障研究的理论人才及实践人才。十年树木，百年树人。在严峻的养老形势下，在需求庞大的养老保障市场面前，只有从人才培养上着手，才能发展好养老保障事业。

---

① 邓小平文选：第3卷［M］. 北京：人民出版社，1993：380.

其次，要提高工资福利待遇，吸引养老保障专门人才从东部向中西部、从城市向乡村流动。相比于东部地区，中西部人才相对紧缺，而乡村则更难以吸引专业人才进入。中西部农村养老机构的管理人员、服务人员多为业余便可说明这一点。为此，必须从工资、住房补助、交通补贴等方面着手，大力提高人才紧缺地方的工资福利待遇，以吸引养老保障专门人才进入，为养老保障体系的建立健全做出贡献。

第五节　完善农村留守老人关爱服务体系，开启幸福晚年新征程

进入新时代以来，随着城镇化加速，人口老龄化程度加深。2016 年，我国 60 岁以上的老人有 23 086 万人，在全国总人口中占比 16.7%，其中超过 5 000 万人是农村留守老人，这些老人面临着家庭割裂、收支失衡、病痛折磨、精神孤独、缺乏照料等诸多问题。这不仅严重影响农村老人的身体健康状况，更加容易迫使老年人陷入抑郁等心理问题，使得近年来农村老人自杀现象频发。针对这一现象，党的十九大报告中明确提出要完善老年人关爱服务体系。本书认为应该针对农村留守老人关爱服务的薄弱环节，建立农村留守老年人关爱服务体系，从资金、机构、人员、技术、文化活动建设等方面加大投入和进行制度创新。具体包括：

一、加强留守老人关爱服务体系的政策支持

农村留守老人问题的根源是“化地不化人”的快速城镇化推进，在这个过程中，家庭青壮年都外出务工，但又没有能力将老人转移至城市照料，从而造成家庭割裂[①]。要建立农村留守老人的关爱服务体系，从国家战略的角度看，首先应该扭转“土地城镇化”的模式，依托乡村振兴战略，繁荣农村经济，做强农村产业，完善农村公共服务，实现就地城镇化、就近城镇化，从源头上化解农村留守老人的现实困境，重建人口城镇化的家庭基础。同时需要依托乡村振兴战略，加强农村留守老人的养老保险、最低生活保障、新型农村合作医疗、医疗救助、特困救助等制度支持，全方位增强对农村留守老人的关爱力度。

二、建立健全老年人协会

各地农村可在现有基础上，吸取苏南、福建等地先进老年人协会的建设经验，建立健全老年人协会。老年人协会会长可由村中有威望的老年人担任，场地可以利用老年人日间照料中心。该协会一方面可以组织老年人活动，另一方面也可以参与村中重大事务决策，在利用老年人的丰富经验帮助村庄发展，发挥老年人余热的同时，促进他们与其他村民的交流，提升他们在村中的地位。

---

① 李云新，刘然. 农村留守老年人关爱服务体系建设研究［J］. 安徽行政学院学报，2017，8（5）.

三、加强各级政府转移支付力度

老人关爱服务体系具有公益性质，需要各级政府将关爱服务体系建设纳入财政预算，加大转移支付力度，建立专项资金，专款专用，从而使关爱农村留守老人制度化并具有持续性。同时，老人关爱服务体系具有社会性质，需要各级政府尤其是地方政府将关爱服务体系建设纳入政绩考核，转变过去唯 GDP 为政绩考核的标准，转向关注解决社会问题，重视“人”的发展与关爱的综合考核标准。为达到实效，可以进一步考虑将公众评价机制引入考核机制中，打破过去“唯上不唯下”的行动逻辑，推动关爱服务体系做到真关爱、真服务。

四、引入市场专业化服务

目前，我国社会关爱体系尚处于初步萌芽时期，大部分关爱服务处于低水平或政府自发服务阶段。要提高服务水平，应该协同政府、市场、社会等力量，引入专业化服务，壮大社会关爱力量。

首先，要以政府专项资金为依托，以社会治理项目为切入点，以购买公共服务的方式，向市场购买关爱老人的专业化服务，支持市场培育专业化的队伍，避免政府进行单一的标准化服务，通过市场的力量对接农村留守老人的关爱需求与供给。

其次，要壮大志愿者队伍。志愿者队伍是关爱留守老人的重要力量，要在政府、学校以及企业等广泛宣传和鼓励学生、领导干部以及爱心人士加入服务老人的志愿者队伍中来。[①] 同时，政府应组织相关培训资源，根据志愿者的专长进行分类培训，使志愿者能在老人的日间照料、心理辅导、医疗护理等方面发挥积极作用。

再次，引导社会慈善事业进入老人关爱服务体系。目前我国社会慈善事业发展迅速，产生了大量有影响力、有责任感、有专业精神的社会慈善机构，但是大多的关注点集中在扶危济困，对农村留守老人这个广泛存在的群体缺乏关注。建立农村留守老人关爱服务体系，鼓励和引导社会慈善机构扩大其社会关注范围，加入老人关爱体系中来，并通过其社会影响力创新募集方式，建立农村留守老人公益基金，切实为关爱老人汇聚社会力量。

最后，应用“互联网+”技术，实现对老人的精准关爱。我国已经进入了“互联网+”的新时代，大数据、物联网、云计算、可穿戴设备等一系列高科技的产生给农村留守老人关爱体系的建设带来了更多可能性，我们应运用好这些科技进步，实现关爱体系更高质量、更便捷、更精准的服务。一是要依托政府资源建立农村留守老人数据库。信息数据的收集应联合政务信息平台汇总老人的户口信息、养老保险、合作医疗、社会救助等已有信息，以及依托村级调查走访收集老人的个人收入、身体（精神）状况、家庭状况等人性化信息。二是依托行政村优势及时更新数据库。行政村具有定期走访老人的义务以及能力，依托行政村的服务优势可以及时更新老人健康或精神需要等数据。三是联合医疗服务丰富数据库。数据库应与当地医疗卫生机构合作，建立老人的医疗电子病例档案、健康

① 韩振燕，李东林．农村老年人精神关爱服务体系研究——以江苏省为例［J］．江苏农业科学，2016，44（3）：511-514.

体检档案等丰富数据库。四是依托互联网技术共享数据库。实现老人健康数据的政府、医疗机构、社会服务部门的共享，从而通过远程化、便捷化、低成本化的技术手段对接老人需求与市场供给。这种数据化、信息化、动态化、实时化的数据服务，不仅能帮助政府对关爱体系的服务状况、资金运行状态进行准确把握，更重要的是能通过数据分析实现对老人更精准的关爱服务。

第六节　实践农村医养结合养老新模式，引领中国老人健康新生活

党中央高度重视医疗卫生服务与养老服务相结合的新型养老模式，曾在2013年、2015年连续发文《国务院关于加快发展养老服务业的若干意见》《国务院关于促进健康服务业发展的若干意见》《国务院办公厅转发卫生计生委等部门关于推进医疗与养老服务相结合指导意见的通知》，均鼓励整合医疗资源与养老资源，为老人提供全程医疗服务以及晚年持续性养老服务。党的十九大报告在实施健康中国战略中再次重申医养结合的重要性，指出应“积极应对人口老龄化，构建养老、孝老、敬老政策体系和社会环境，推进医养结合，加快老龄事业和产业发展”①。本书认为，医养结合的养老模式不仅仅适合于城市，更应积极推进该模式在农村的实践。首先，农村养老对医疗服务同样具有巨大的需要。到2035年，假设按照城镇化率

① 习近平. 决胜全面建成小康社会 夺取新时代中国特色社会主义伟大胜利——在中国共产党第十九次全国代表大会上的报告［M］. 北京：人民出版社，2017.

达到70%来算，中国依然有5亿人生活在农村，而这些人当中的相当一部分为留守老人，他们居住地离医疗资源更远，农村医疗设施条件更差，但他们对医疗服务的需要却更加迫切。其次，对农村医疗资源及养老资源的整合既可以提高农村医疗资源的效率又能降低养老院建设的成本，更重要的是提高了农村老人的健康水平，增加了他们晚年生活的安全感和幸福感。

实践农村医养结合养老新模式，应该包括以下内容：

一、构建农村多元化“医养结合”服务养老模式

所谓“医养结合”的养老模式，即为养老院向医疗延伸或者医疗机构向养老服务延伸，通过整合养老和医疗服务资源，向老人提供全程医疗与晚年持续性养老服务，尤其是针对患有慢性病、老年常见病，或康复期、绝症晚期以及需要生活照料服务的老人。但我国农村不同于城市的是，农村相对贫困，农村老人的支付能力低下，城市以营利为目的的医养结合模式并不适合于农村。要在农村推动医养结合的服务养老模式，必须做到以下几点：首先，转变思维，构建以政府福利型“医养结合”服务事业为主，民办公助的社会公益型“医养结合”服务业为辅，以及民办民营的微利型“医养结合”服务产业为补充的多元“医养结合”服务养老模式。[①] 其次，应该将养老型医疗服务项目纳入农村“新农保”“新农合”“城居保”等保险的报销范围，减轻农村老人的经济负担，让他们切实享受老有所养、病有所医、身有所安的幸福晚年生活。最后，建立老

① 邹纯青．新型城镇化之农村医养结合养老模式探析［J］．管理观察，2015（21）：184-185，188.

人商业性长期护理保险制度作为有益补充，将医疗、养老、护理结合起来，形成个人、政府、保险公司共同分担的保险机制，提高老人的支付能力，追求较高质量的医养护服务。①

二、加强宣传，引导农村老人选择“医养结合”的养老模式

“医养结合”的养老模式是一种新型的养老模式，具有众多好处，但是农村老人对“医养结合”了解甚少，养老观念较为陈旧，这影响了农村老人对该养老模式的需要与选择。应该加强对“医养结合”养老模式的宣传，帮助农村老人转变养老观念，认识到医养结合的优越性，从而提高医养结合养老服务的需求度②：一是要做到扩大宣传，尽可能覆盖更多的农村老人。比如通过村级广告宣传、村里墙上画宣传画、志愿者入户讲解以及运用电视媒体向老人介绍“医养结合”的优势。二是要做到增强宣传的趣味性。应该充分考虑农村老人对信息的接收、处理、理解的偏好，通过图像、简单通俗的解说以及电视文艺表演的形式增强老人对“医养结合”模式的认知与理解。

---

① 刘芙，李月朦，韩越，边恕．以医疗保险制度为手段　推进农村医养结合新型养老服务模式［J］．农业经济，2017（4）：73-75.

② 李晓丽．需求视角下的农村“医养结合”养老模式研究［D］．石家庄：河北师范大学，2017.

小　结

本章以马克思主义及其他相关理论为指导，提出了中国农村养老保障事业发展的创新路径。

一是树立新型养老保障观念，构建养老、孝老、敬老文化。各级政府要加深对于养老保障的理解，从“经济供养”扩展到“精神慰藉”“生活照料”等更为丰富的层面。农村居民也要逐步改变“养儿防老”的传统养老保障观念，逐步培养“自我养老”“社保养老”“机构养老”等新型养老保障观念。与此同时，要以马克思主义为指导，以现实情况为依据，对传统养老文化进行升华，去其糟粕，取其精华，形成富有时代特色的新型养老文化。在此基础上，要将孝道文化作为一种社会公德、为人美德融入社会主义核心价值体系中，综合运用报纸、杂志、宣传车、广播、电视、互联网等媒介进行大力宣传，促进全民“养老”“敬老”“孝老”观念的形成。

二是优化完善顶层设计，健全多元化农村养老保障体系。积极吸收先进国家立法经验，根据养老保障实际需要，制定“老年人养老保障专门法”，并增强法律实施效力，做到“有法可依，有法必依，执法必严，违法必究”；充分发挥家庭在农村养老保障中的基础性作用，使家庭为老人提供一定的物质赡养、生活照料与精神慰藉；根据不同地区实际情况，发展多种形式、适合老年人需要的社区养老保障；加快全面建成一个既惠及全民的兜底线，又充分满足农村老年人对美好生活的追求的高质量的社会养老保险制度。

三是推动养老保障的城乡制度融合，灵活应对新矛盾变化。要融合农村社会养老保险与城镇居民养老保险、融合农民工养老保险与城镇职工养老保险、融合城乡居民养老保险与城镇职工养老保险，进而补上农村养老的短板，改变城乡养老保障的二元格局，缩小城乡差距，为全面建成小康社会提供有力支撑。

四是增强养老保障要素投入，优化养老资源配置。要逐步加大政府财政投入，并鼓励集体经济组织、社会力量参与养老保障事业发展，筹集充足的养老保障资金，在此基础上建立长效机制，保障社会养老保险资金的安全性；要加强养老保障专门人才培养，鼓励人才地区流动。

五是完善农村留守老人关爱服务体系，开启幸福晚年新征程。要加强留守老人关爱服务体系的政策支持，从源头上化解农村留守老人的现实困境；建立健全老年人协会，提升其社会地位；各级政府要将关爱服务体系建设纳入财政预算，加大转移支付力度；协同政府、市场、社会等力量引入专业化服务，壮大社会关爱力量。

六是实践农村“医养结合”养老新模式，引领中国老人健康新生活。要转变思维，构建以政府福利型“医养结合”服务事业为主，民办公助的社会公益型“医养结合”服务业为辅，以及民办民营的微利型“医养结合”服务产业为补充的多元“医养结合”服务养老模式。同时加强宣传，引导农村老人转变养老观念，提高其对医养结合养老服务的需求度。

结语

本书在总结前人研究成果的基础之上，以马克思主义及其他相关理论为指导，系统研究了中华人民共和国农村养老保障的历史演进、中国农村养老保障的现实状况及创新路径。在研究过程中，笔者将理论研究与实证研究相结合，将宏观研究与微观研究相结合，将定量研究与定性研究相结合，将问卷调查与入户访谈相结合，切实提高了本研究的科学性与解释力。

本书认为，中华人民共和国成立以来，农村养老保障经历了“生产方式下的家庭养老阶段”“集体农业生产方式下家庭养老与集体养老的结合阶段”“经济转轨时期家庭养老的复归与新型养老方式的探索阶段”“市场经济体制下多元化养老保障体系的逐步形成阶段”四大阶段。近年来，中国农村养老保障事业在制度完善、法律制定等方面取得了巨大成就。与此同时，在家庭养老保障、新农保、农村养老服务机构、养老法律等方面也存在不足。在此基础上，笔者选择山西省大寨村作为调研对象，进行了较为全面深入的微观分析，丰富了研究的现实性。本书将各国农村养老保障模式划分为“个人储蓄型”养老模式、“全民福利型”养老模式以及“社会保险型”养老模式三大模式，力求通过分析它们的内容以及特点为我国农村养老保障提供借鉴。最后，本书提出了中国农村养老保障发展的创新路径：树立新型养老保障观念，构建“养老”“孝老”“敬老”文化；优化完善顶层设计，健全多元化农村养老保障体系；推动养老保障的城乡制度融合，灵活应对新矛盾变化；增强养老保障要素投入，优化养老资源配置；完善农村留守老人关爱服务体系，开启幸福晚年新征程；实践农村“医养结合”养老新模式，引领中国老人健康新生活。

笔者希望此书有助于推动农村养老保障领域的深化研究，并有助于中国农村养老保障事业的进一步发展。在今后的研究过程中，我们要在现有基础上，充实理论知识，扩展研究视野，增强实地调研及实证研究能力。

在书稿付梓之际，笔者向所有为本课题研究提供支持和帮助的专家、学者与同仁表示真诚的谢意。受个人能力与视野所限，书稿中难免存在不足之处，请大家多多批评指正！

参考文献

（一）著作类

[1] 马克思恩格斯选集：第 1 卷 [M]. 北京：人民出版社，2012.

[2] 马克思恩格斯选集：第 2 卷 [M]. 北京：人民出版社，2012.

[3] 马克思恩格斯选集：第 3 卷 [M]. 北京：人民出版社，2012.

[4] 马克思恩格斯选集：第 4 卷 [M]. 北京：人民出版社，2012.

[5] 列宁全集：第 21 卷 [M]. 北京：人民出版社，1990.

[6] 列宁全集：第 29 卷 [M]. 北京：人民出版社，1985.

[7] 毛泽东选集：第 1 卷 [M]. 北京：人民出版社，1991.

[8] 毛泽东选集：第 2 卷 [M]. 北京：人民出版社，1991.

[9] 毛泽东文集：第 1 卷 [M]. 北京：人民出版社，1993.

[10] 毛泽东文集：第 3 卷 [M]. 北京：人民出版社，1996.

[11] 毛泽东文集：第6卷 [M]. 北京：人民出版社，1999.

[12] 毛泽东文集：第7卷 [M]. 北京：人民出版社，1999.

[13] 邓小平文选：第2卷 [M]. 北京：人民出版社，1994.

[14] 邓小平文选：第3卷 [M]. 北京：人民出版社，1993.

[15] 习近平. 决胜全面建成小康社会 夺取新时代中国特色社会主义伟大胜利——在中国共产党第十九次全国代表大会上的报告 [M]. 北京：人民出版社，2017.

[16] 中共中央文献研究室. 十四大以来重要文献选编：中 [M]. 北京：人民出版社，1997.

[17] 中共中央文献研究室. 十五大以来重要文献选编：上 [M]. 北京：人民出版社，2000.

[18] 中共中央文献研究室. 十六大以来重要文献选编：上 [M]. 北京：中央文献出版社，2005.

[19] 中共中央文献研究室. 十六大以来重要文献选编：下 [M]. 北京：中央文献出版社，2008.

[20] 中共中央文献研究室. 十七大以来重要文献选编：下 [M]. 北京：中央文献出版社，2013.

[21] 中共中央文献研究室. 十八大以来重要文献选编：上 [M]. 北京：中央文献出版社，2014.

[22] 道格拉斯·C. 诺斯. 制度、制度变迁与经济绩效 [M]. 杭行，译. 上海：格致出版社，2014.

[23] A. C. 庇古. 福利经济学 [M]. 朱泱，张胜纪，吴良健，译. 北京：商务印书馆，2006.

[24] 吴铎，文军. 社会学 [M]. 北京：高等教育出版社，

2011.

[25] 易益典，李峰. 社会学教程 [M]. 上海：上海人民出版社，2007.

[26] 阎韬，马智强. 论语全译 [M]. 南京：江苏古籍出版社，2000.

[27] 张兆裕. 诗经 [M]. 北京：中国友谊出版公司，1997.

[28] 喻岳衡. 孝经 · 二十四孝图 [M]. 长沙：岳麓书社，2006.

[29] 吴玉韶，党俊武. 中国老龄事业发展报告（2013）[M]. 北京：社会科学文献出版社，2013.

[30] 姜向群，杜鹏. 中国人口老龄化和老龄事业发展报告 [M]. 北京：中国人民大学出版社，2013.

[31] 苏振芳. 人口老龄化与养老模式 [M]. 北京：社会科学文献出版社，2014.

[32] 周莹. 中国农村养老保障制度的路径选择研究 [M]. 上海：上海社会科学院出版社，2009.

[33] 公维才. 中国农民养老保障论 [M]. 北京：社会科学文献出版社，2007.

[34] 张敬一，赵新亚. 农村养老保障政策研究 [M]. 上海：上海交通大学出版社，2007.

[35] 谭克俭. 农村养老保障体系构建研究 [M]. 北京：中国社会出版社，2009.

[36] 宋健. 中国农村人口的收入与养老 [M]. 北京：中国人民大学出版社，2006.

[37] 黄乐平，李嘉健. 农村医疗、养老社会保障 [M]. 北京：中国法制出版社，2008.

[38] 苏保忠. 中国农村养老问题研究 [M]. 北京：清华大学出版社，2009.

（二）论文类

[1] 陈平. 建立统一的社会保障体系是短视国策 [J]. 中国改革，2002（4）：18-19.

[2] 亓昕. 农民养老方式与可行能力研究 [J]. 人口研究，2010（1）：75-85.

[3] 白维军. 巴西农村养老金计划及其对中国的启示 [J]. 经济问题探索，2010（7）：165-169.

[4] 闫翠兰，张术环. 德国农村社会养老保障制度及其借鉴意义 [J]. 世界农业，2010（12）：63-65.

[5] 王晓东. 日本农村养老保险体系设计和建立时机对我国的启示 [J]. 经济体制改革，2014（2）：163-167.

[6] 雷丽平. 俄罗斯养老保险制度改革及其对我国的启示 [J]. 人口学刊，2010（1）：41-46.

[7] 张守玉，薛兴利. 基于新型土地股份合作制的农村养老保障设想 [J]. 山东社会科学，2007（9）：41-44.

[8] 王小英. 论"以土地换保障"——一个解决农村养老保险资金来源问题的新思路 [J]. 中南财经政法大学研究生学报，2007

(3)：40-45.

[9] 白玉琴. 土地信托——农村养老方式的新探索［J］. 深圳大学学报（人文社会科学版），2012（3）：128-133.

[10] 周绍斌. 论我国农村养老的模式选择［J］. 江西社会科学，2001（6）：178-180.

[11] 田文颖，高贵如. "1+1+5" 模式——当前农村养老保障模式路径选择［J］. 特区经济，2010（9）：159-160.

[12] 杨礼琼. 城乡统筹背景下中国特色农村养老保障路径选择［J］. 理论探讨，2011（3）：97-100.

[13] 熊茜，李超. 老龄化背景下农村养老模式向何处去［J］. 财经科学，2014（6）：125-132.

[14] 顾永红. 农村老年人养老模式选择意愿的影响因素分析［J］. 华中师范大学学报（人文社会科学版），2014（3）：9-15.

[15] 陆解芬. 论政府在农村养老社会保险体系建构中的作用［J］. 理论探讨，2004（3）：56-57.

[16] 苏保忠，张正河. 农村基本养老保障制度建设中的政府责任及其定位［J］. 中国行政管理，2007（12）：44-46.

[17] 卢志辉，杜黎霞. 政府在新型农村社会养老保险制度中的责任构建与完善［J］. 开发研究，2011（5）：90-92.

[18] 毛才高. 从传统的家庭养老谈我国农村养老模式的发展与对策［J］. 江苏社会科学，1998（1）：150-153.

[19] 马雪彬，李丽. 从三维视角看我国农村家庭养老功能的弱化［J］. 贵州社会科学，2007（2）：61-64.

[20] 张正军，刘玮. 社会转型期的农村养老：家庭方式需要支

持［J］. 西北大学学报（哲学社会科学版），2012（3）：60-67.

［21］何玉桃. 社会主义新农村建设中的家庭养老问题思考［J］. 中南民族大学学报（人文社会科学版），2006（S1）：93-95.

［22］席超超. 我国新型农村社会养老保险初探［J］. 山西师范大学学报（社会科学版），2013（S2）：17-18.

［23］郝佳. 利益导向、最优选择与现阶段农村养老保险的机制设计［J］. 改革，2014（2）：67-78.

［24］司春燕. 新农村养老保险制度的财政支持路径选择［J］. 经济导刊，2011（2）：80-81.

［25］蒋云赟. 我国新型农村养老保险对财政体系可持续性的影响研究——基于代际核算方法的模拟分析［J］. 财经研究，2011（12）：4-15.

［26］宋斌文，张琳. 东部发达地区农村养老保险的实践与探索——来自浙江省宁波市的案例分析［J］. 农业经济问题，2006（11）：34-38，79.

［27］廖少宏，宋春玲. 我国农村老人的劳动供给行为——来自山东农村的证据［J］. 人口与经济，2013（2）：60-68.

［28］许勤. 河南省农村养老保障现状及对策［J］. 中国经贸导刊，2012（17）：37-38.

［29］刘养卉，龚大鑫. 甘肃省农村养老保障典型模式调查研究［J］. 开发研究，2011（5）：85-89.

［30］杨志玲. 农村少数民族老年人的生活及养老——以云南丽江玉龙纳西族自治县拉市乡为例［J］. 云南民族大学学报（哲学社会科学版），2006（6）：42-45.

[31] 张艳春. 少数民族地区农村养老保障的建立和发展分析——以朝鲜族聚居的延边地区为例 [J]. 黑龙江民族丛刊，2009 (5)：62-66.

[32] 白维军. 流动公共服务视角下的民族地区农村养老保障服务创新 [J]. 内蒙古社会科学（汉文版），2014 (2)：9-13.

[33] 蒲丽娟，王伟. 毛泽东农民养老思想及其现实意义 [J]. 理论导刊，2010 (3)：8-10.

[34] 颜鹏飞，刘益成. 当代西方养老保障市场化思想与借鉴 [J]. 保险研究，2013 (5)：122-127.

[35] 李广艳. 农村养老保障制度的变迁与发展 [J]. 生产力研究，2011 (1)：49-51.

[36] 邱红杰. 我国农村五保供养制度实现历史性转变 公共财政为农村五保户买单 [J]. 农村财务会计，2006 (5)：7.

[37] 李汉才. 中国农村养老保障制度的历史沿革及发展特征 [J]. 河北大学学报（哲学社会科学版），2014 (3)：116-119.

[38] 刘苓玲. 中国农村养老保障制度变迁、路径依赖与趋势 [J]. 科学经济社会，2009 (4)：52-56.

[39] 凌文豪. 从一元到多元：中国农村养老模式的变迁逻辑——以生产社会化为分析视角 [J]. 社会主义研究，2011 (6)：77-80.

[40] 张晖，何文炯. 中国农村养老模式转变的成本分析 [J]. 数量经济技术经济研究，2007 (12)：83-90.

[41] 许亚敏. 我国农村养老保障事业发展的历程、现状与政策取向研究——基于制度分析的视角 [J]. 社会保障研究，2009 (6)：

18-26.

[42] 熊凤水. 中国农村养老理念的嬗变与创新 [J]. 甘肃社会科学，2013 (4)：57-61.

[43] 赵秋成，林群. 转型期中国农村家庭养老社会资本的衰萎 [J]. 东北财经大学学报，2014 (3)：3-8.

[44] 张俊英. 南乐县新农保工作存在的问题与对策分析 [J]. 人才资源开发，2013 (7)：38-39.

[45] 王为闰，周葆生. "新农保" 试行的实证分析——基于凤阳县的调查研究 [J]. 安徽农业大学学报 (社会科学版)，2012 (4)：11-14.

[46] 张云英，刘艳斌. 农村社会化养老服务组织及其体系研究述评 [J]. 湖南农业大学学报 (社会科学版)，2014 (1)：53-57.

[47] 李超. 农村养老服务供给现状、问题及对策分析——以河北省为例 [J]. 老龄科学研究，2014 (4)：33-43.

[48] 卢海元. 中国农村社会养老保险制度建立条件分析 [J]. 经济学家，2003 (5)：36-41.

[49] 杨翠迎，庹国柱. 建立农民社会养老年金保险计划的经济社会条件的实证分析 [J]. 中国农村观察，1997 (5)：57-61.

[50] 张为民. 我国建立新型农村社会养老保险的经济可行性分析 [J]. 未来与发展，2009 (11)：82-85.

[51] JOHN B WILLIAMSON, MEGHAN PRICE, CE SHEN. Pension policy in China, Singapore, and South Korea: An assessment of the potential value of the notional defined contribution model [J]. Journal of Aging Studies, 2012 (26): 79-89.

[52] L WANG, D BéLAND, S ZHANG. Pension Financing in China: Is There a Looming Crisis? [J]. China Economic Review, 2014 (30): 143-154.

[53] LIJIAN WANG, DANIEL BéLAND, SIFENG ZHANG. Pension fairness in China [J]. China Economic Review, 2014 (28): 25-36.

（三）文件类

[1] 人民网. 中共中央关于全面深化改革若干重大问题的决定 [EB/OL]. (2013-11-16). http://cpc. people. com. cn/n/2013/1116/c64094-23561785. html.

[2] 中国人大网. 中华人民共和国国民经济和社会发展十年规划和第八个五年计划纲要 [EB/OL]. (2000-12-06). http://www. npc. gov. cn/wxzl/gongbao/2000-12/06/cotent-502537. htm.

[3] 中国人大网. 中华人民共和国国民经济和社会发展"九五"计划和2010年远景目标纲要 [EB/OL]. (2001-01-12). http://www. npc. gov. cn/wxzl/gongbao/2001-01-02/content_ 503506. htm.

[4] 陕西人民政府网. 中华人民共和国国民经济和社会发展第十个五年计划纲要 [EB/OL]. (2008-01-01). http://www. shohyi. gov. cn/gbyw/ggjg/swgg/lbgg/65943. htm.

[5] 中国人大网. 中华人民共和国国民经济和社会发展第十一个五年规划纲要 [EB/OL]. (2006-03-18). http://www. npc. gov.

cn/wxzl/gongbao/2006-03-18/content_ 5347869. htm.

[6] 人民网. 中华人民共和国国民经济和社会发展第十二个五年规划纲要 [EB/OL]. (2011-03-17). http://theory. people. com. cn/GB/14163131. html.

[7] 中国人大网. 国务院关于开展新型农村社会养老保险试点的指导意见 [EB/OL]. (2014-05-20). http://www. npc. gov. cn/wxzl/gongbao/2014-05/20/content_ 1863730. htm.

[8] 中华人民共和国民政部. 农村五保供养工作条例 [EB/OL]. (2006-01-21). http://www. nca. gov. cn/article/gk/fg/shjz/20150715848486. shtml.

[9] 中华人民共和国中央人民政府. 社区服务体系建设规划(2011-2015年) [EB/OL]. (2011-12-29). http://www. gov. cn/zwgk/2011-12/29/content_ 2032915. htm.

[10] 中国社会科学网. 2004年中央一号文件：中共中央 国务院关于促进农民增加收入若干政策的意见 [EB/OL]. (2015-02-05). http://www. cssn. cn/zt/zt _ zh/xwzt/lnzyyhwjhg/2004d2011/201502/t201502.

[11] 中国社会科学网. 2005年中央一号文件：中共中央 国务院关于进一步加强农村工作 提高农业综合生产能力若干政策的意见 [EB/OL]. (2015-02-05). http://www. cssn. cn/zt/zt_ zh/xwzt/lnzyyhwjhg/2004d2011/201502/t201502.

[12] 中国社会科学网. 2006年中央一号文件：中共中央 国务院关于推进社会主义新农村建设的若干意见 [EB/OL]. (2015-02-05). http://www. cssn. cn/zt/zt _ zh/xwzt/lnzyyhwjhg/2004d2011/

201502/t201502.

[13] 中国社会科学网. 2007年中央一号文件：中共中央 国务院关于积极发展现代农业 扎实推进社会主义新农村建设的若干意见[EB/OL].（2015-02-05）. http：//www. cssn. cn/zt/zt_ zh/xwzt/lnzyyhwjhg/2004d2011/201502/t201502.

[14] 中国社会科学网. 2008年中央一号文件：中共中央 国务院关于切实加强农业基础设施建设 进一步促进农业发展农民增收的若干意见[EB/OL].（2015-02-05）. http：//www. cssn. cn/zt/zt_ zh/xwzt/lnzyyhwjhg/2004d2011/201502/t201502.

[15] 中国社会科学网. 2009年中央一号文件：中共中央 国务院关于2009年促进农业稳定发展农民持续增收的若干意见[EB/OL].（2015-02-05）. http：//www. cssn. cn/zt/zt_ zh/xwzt/lnzyyhwjhg/2004d2011/201502/t201502.

[16] 中国社会科学网. 2010年中央一号文件：中共中央 国务院关于加大统筹城乡发展 进一步夯实农业农村发展基础的若干意见[EB/OL].（2015-02-05）. http：//www. cssn. cn/zt/zt_ zh/xwzt/lnzyyhwjhg/2004d2011/201502/t201502.

[17] 中国社会科学网. 2013年中央一号文件：中共中央 国务院关于加快发展现代农业进一步增强农村发展活力的若干意见[EB/OL].（2015-02-05）. http：//www. cssn. cn/zt/zt_ zh/xwzt/lnzyyhwjhg/2004d2011/201502/t201502.

[18] 中国社会科学网. 2014年中央一号文件：中共中央 国务院关于全面深化农村改革加快推进农业现代化的若干意见[EB/OL].（2015-02-05）. http：//www. cssn. cn/zt/zt_ zh/xwzt/lnzyyh-

wjhg/2004d2011/201502/t201502.

［19］中国社会科学网．2015 年中央一号文件：中共中央 国务院关于加大改革创新力度加快农业现代化建设的若干意见［EB/OL］．（2015-02-05）．http：//www. cssn. cn/zt/zt_ zh/xwzt/lnzyyh-wjhg/2004d2011/201502/t201502.

［20］新华网．2016 年中央一号文件：中共中央 国务院关于落实发展新理念 加快农业现代化实现全面小康目标的若干意见［EB/OL］．（2016-01-27）．http：//www. xinhuanet. com/frotune/2016-01/27/c_ 1117916568. htm.

［21］中国社会科学网．2017 年中央一号文件：中共中央 国务院关于深入推进农业供给侧结构性改革 加快培育农业农村发展新动能的若干意见［EB/OL］．（2017-02-09）．http：//www. cssn. cn/glx/glx_ gldt/201702/t20170212_ 3411462_ 3. shtml.

［22］中华人民共和国农业部．2018 年中央一号文件：中共中央 国务院关于实施乡村振兴战略的意见［EB/OL］．（2018-02-05）．http://www.moa.gov.cn/ztzl/yhwj/201802/t20180205_6136410.htm.

附录一　中国农村养老保障的相关文件

文件之一：1956年《高级农业生产合作社示范章程》

第一章　总　则

第一条　农业生产合作社（本章程所说的农业生产合作社都是指的高级农业生产合作社）是劳动农民在共产党和人民政府的领导和帮助下，在自愿和互利的基础上组织起来的社会主义的集体经济组织。

第二条　农业生产合作社按照社会主义的原则，把社员私有的主要生产资料转为合作社集体所有，组织集体劳动，实行“各尽所能，按劳取酬”，不分男女老少，同工同酬。

第三条　农业生产合作社要根据当地条件，不断地改进农业技术，在国家的援助下逐步地实现农业的机械化和电气化，使农村经济不断地向前发展；同时要随着生产的发展，不断地增加社员的收入，提高社员的物质生活和文化生活的水平。

第四条　农业生产合作社要把集体利益和个人利益正确的结合起来。社员必须服从和保护全社的集体利益，合作社必须关心和照顾社员的个人利益。

第五条　农业生产合作社要把全社利益和国家利益正确地结合起来。合作社应该在国家经济计划的指导下独立地经营生产。合作社必须认真地对国家尽交纳公粮和交售农产品的义务。

第六条　农业生产合作社实行民主管理。合作社的领导人员由社员选举，合作社的重大事务由社员讨论决定。合作社的领导人员必须实行集体领导，密切联系群众，遇事和群众商量，团结全体社员办好合作社。

第二章　社　员

第七条　年满十六岁的男女劳动农民和能够参加社内劳动的其他劳动者，都可以入社做社员。入社由本人自愿申请，经社员大会或者社员代表大会通过。

合作社要积极地吸收烈士家属、军人家属、国家机关工作人员家属、残废军人、复员军人（包括起义以后和和平解放以后复员回乡的军政工作人员）入社，也要吸收老、弱、孤、寡、残疾的人入社。

合作社也要吸收外来移民入社。

第八条　对于过去的地主分子和已经放弃剥削的富农分子，合作社根据他们的表现和参加劳动生产的情况，并且经过乡人民委员会的审查批准，可以分别吸收他们入社做社员或者候补社员。

农村中过去的反革命分子，如果是在历史上只有轻微罪行、现在已经悔改的，或者罪行虽然比较重大，但是对于镇压反革命立有显著功劳的，以及刑满释放、表现良好的，合作社对于这些人，根据他们悔改的程度和立功的大小，并且经过乡人民委员会的审查批准，可以分别吸收他们入社做社员或者候补社员。

对于不够入社条件的过去的地主分子、富农分子和反革命分子，经过乡人民委员会的批准，合作社可以吸收他们参加社内的劳动，使他们获得改造成为新人。对于这些人，合作社应该同对待社员一样地按照他们的劳动付给报酬，并且同对待社员一样地处理他们的生产资料。这些人如果表现良好，经过乡人民委员会审查批准，可以做社员或者候补社员。

候补社员如果表现良好，经过乡人民委员会审查批准，可以做社员。

地主、富农的家属没有参加剥削的，反革命分子的家属没有参加反革命活动的，可以入社做社员。

第九条 每个社员同样地有以下的权利：

（一）参加社内的劳动，取得应得的报酬。

（二）提出有关社务的建议和批评，参加社务的讨论和表决，对社务进行监督。

（三）选举合作社的领导人员，被选举为合作社的领导人员。

（四）在不妨碍合作社生产的条件下，经营家庭副业。

（五）享受合作社举办的文化、福利事业的利益。

过去的地主分子、富农分子和反革命分子，在入社以后的一定时期内，没有被选举权，不能担任社内的任何重要职务；做候补社员的，并且没有表决权和选举权。

第十条 每个社员同样地有以下的义务：

（一）遵守社章，执行社员大会、社员代表大会和管理委员会的决议。

（二）积极地参加社内劳动，遵守劳动纪律。

（三）爱护国家的财产和合作社的财产。

（四）巩固全社的团结，同一切破坏合作社的活动作坚决的斗争。

第十一条　社员有退社的自由。

要求退社的社员一般地要到生产年度完结以后才能退社。社员退社的时候，可以带走他入社的土地或者同等数量和质量的土地，可以抽回他所交纳的股份基金和他的投资。

第十二条　社员如果严重地违反社章，经过多次教育和处分还不悔改，由社员大会或者社员代表大会讨论决定，可以取消他的社员资格。被取消社员资格的人如果不服，可以请求乡或者县人民委员会解决。

被取消社员资格的人可以留在社内参加劳动，合作社应该同对待社员一样地按照他的劳动付给报酬。如果被取消社员资格的人愿意离社生产，可以带走他入社的土地或者同等数量和质量的土地，可以抽回他所交纳的股份基金和他的投资。

被取消社员资格的人如果已经悔改，社员大会或者社员代表大会可以恢复他的社员资格。

第三章　土地和其他主要生产资料

第十三条　入社的农民必须把私有的土地和耕畜、大型农具等主要生产资料转为合作社集体所有。

社员私有的生活资料和零星的树木、家禽、家畜、小农具、经营家庭副业所需要的工具，仍属社员私有，都不入社。

社员土地上附属的私有的塘、井等水利建设，随着土地转为合作社集体所有。如果这些水利建设是新修的，本主还没有得到收益，合作社应该适当地偿付本主所费的工本。如果修建这些水利所欠的贷款没有还清，应该由合作社负责归还。

社员私有的藕塘、鱼塘、苇塘等转为合作社集体所有的时候，对于塘里的藕、鱼、苇子等，合作社应该付给本主以合理的代价。

第十四条　社员的土地转为合作社集体所有、取消土地报酬以后，对于不能担负主要劳动的社员，合作社应该适当地安排适合于他们的劳动，如果他们在生活上有困难，合作社应该给以适当的照顾；对于完全丧失劳动力，历来靠土地收入维持生活的社员，应该用公益金维持他们的生活，在必要的时候，也可以暂时给以适当的土地报酬。

对于军人家属、烈士家属和残废军人社员，合作社还应该按照国家规定的优待办法给以优待。

第十五条　从事城市的职业、全家居住在城市的人，或者家居乡村、劳动力外出、家中无人参加劳动的人，属于他私有的在农村中的土地，可以交给合作社使用。如果本主生活困难，历来依靠土地收入补助生活，合作社应该给以照顾，付给一定的土地报酬。如果本主移居乡村，或者外出的劳动力回到乡村，从事农业生产，合作社应该吸收他入社。如果他不愿意入社，合作社应该把原有的土地或者同等数量和质量的土地给他。

第十六条　农业生产合作社应该抽出一定数量的土地分配给社员种植蔬菜。分配给每户社员的这种土地的数量，按照每户社员人口的多少决定，每人使用的这种土地，一般地不能超过当地每人平均土地数的5%。

社员原有的坟地和房屋地基不必入社。社员新修房屋需用的地基和无坟地的社员需用的坟地，由合作社统筹解决，在必要的时候，合作社可以申请乡人民委员会协助解决。

第十七条　社员私有的耕畜、大型农具和社员经营家庭副业所不需要而为合作社所需要的副业工具转为合作社集体所有，要按照当地的正常的价格议定价款的数目，分期付给本主。付清的时间一般地是三年，至多不超过五年。没有付清的价款的利息问题，由合作社同本主协商解决。

生产中需用的小型农具，如镰刀、锄头等，由社员自备自修。

第十八条　社员私有的林木，应该根据以下的原则处理：

（一）少量的零星的树木，仍属社员私有。

（二）幼林和苗圃，由合作社偿付本主一定的工本费，转为合作社集体所有。

（三）大量的成片的果树、茶树、桑树、竹子、桐树、漆树和其他经济林，根据今后收益的大小、经营的难易、本主所费工本和所得收益的多少，作价归合作社集体所有，价款从林木的收益中分期付还。在合作社初建的时候，对于这种经济林，也可以暂时仍属社员私有，由合作社统一经营，从这些林木的收益中付给本主一定比例的报酬。

（四）大量的成片的用材林，应该根据当时的材积分等作价，转为合作社集体所有，价款从林木的收益中分期付还。在合作社初建的时候，对于这种用材林，也可以暂时仍属社员私有，由合作社统一经营，从这些林木的收益中付给本主一定比例的报酬。

第十九条　社员私有的成群的牲畜，一般地应该由合作社按照当地的正常的价格作价收买，转为合作社集体所有，价款在几年内分期付还。价款付清的期限和没有付清的价款的利息问题，由合作社同本主协商解决。

在合作社初建的时候，对于成群的牲畜，也可以暂时仍属社员私有，由合作社统一经营，按照当地的习惯议定本主应得的报酬。

第四章　资　金

第二十条　农业生产合作社为了筹集生产费和收买社员私有的生产资料，可以按照生产的需要和社员的负担能力，向社员征集股份基金。

第二十一条　股份基金由全社的劳动力分摊。

在合作社的初级阶段，股份基金已经由社员按照土地或者按照土地和劳动力各占一定比例分摊交纳了的，不再重摊。

社员在交纳股份基金的时候，可以用合作社需要的各种生产资料抵交。如果不够，不够的部分由社员分期交给合作社；如果有多余，多余的部分由合作社按照第十七条、第十八条和第十九条的规定分期还给社员。贫苦的社员，在向银行申请到贫农合作基金贷款以后，仍然不能交清股份基金的，可以由社员大会或者社员代表大会决定缓交或者少交。分期交纳和缓交的股份基金都不计利息。

过去的地主分子和富农分子入社的全部生产资料的价款，在抵交应摊的一份股份基金以后，如果有多余，应该补交一份公积金、公益金，如果仍有多余，作为多交的股份基金。

股份基金分记在各人的名下，不计利息，除非退社，不能抽回。

第二十二条　农业生产合作社应该从每年的收入当中留出一定数量的公积金和公益金。公积金用作扩大生产所需要的生产费用、储备种子、饲料和增添合作社固定财产的费用，不能挪作他用。公益金用来发展合作社的文化、福利事业，不能挪作他用。

合作社的公积金和公益金，社员退社的时候不能带走，新社员（除了生产资料比较多的过去的地主分子和富农分子）入社的时候不要补交。

第二十三条　农业生产合作社资金不够的时候，可以由社员在自愿原则下，按照自己的力量向社投资。但是，合作社不得强迫社员投资。

社员的投资由合作社负责偿还，还清的期限由合作社同社员协商决定。现金投资的利息，一般地要相当于信用合作社的存款利息。实物投资可以不给利息，也可以按照当地的习惯付给适当的利息。

第二十四条　在几个合作社合并的时候，股份基金一般地不再重摊。如果有的合作社因为某些生产资料没有转为集体所有，社员少摊了股份基金，应该在合并以前，把那些生产资料转为集体所有，补摊股份基金。

在几个合作社合并的时候，一切公共财产不能分掉。

用作增添合作社的固定财产的社员投资和社外贷款，在几个合作社合并的时候，随同固定财产转归合并后的新社，由新社负责偿还。

第五章　生产经营

第二十五条　农业生产合作社在组织和发展生产上，必须贯彻执行勤俭办社的方针，积极地扩大生产范围，发展同农业相结合的多部门经济；要厉行节约，降低生产成本。

第二十六条　农业生产合作社应该根据本身的经济条件和当地的自然条件，积极地采取以下的各种措施，提高农业生产的水平：

（一）兴修水利，保持水土。

（二）采用新式农具，逐步地实现农业机械化。

（三）积极地利用一切可能的条件开辟肥料来源，改进使用肥料的方法。

（四）采用优良品种。

（五）适当地和有计划地发展高产作物。

（六）改良土壤，修整耕地。

（七）合理地使用耕地，扩大复种面积。

（八）改进耕作方法，实行精耕细作。

（九）防治和消灭虫害、病害和其他灾害。

（十）保护和繁殖牲畜，改良牲畜品种。

（十一）在不妨碍水土保持的条件下，有计划地开垦荒地，扩大耕地面积。

合作社应该积极地学习先进的生产经验，努力找出本社增加生产的最关紧要的办法，并且用最大的力量贯彻实行。

第二十七条　农业生产合作社要根据国家的计划和当地的条件，努力增产粮食、棉花等主要作物，同时又要发展桑、茶、麻、油料、甘蔗、甜菜、烟叶、果类、药材、香料和其他经济作物。

第二十八条　农业生产合作社要根据需要和可能，积极地发展林业、畜牧业、水产业、手工业、运输业、养蚕业、养蜂业、家禽饲养业和其他副业生产。

在不妨碍合作社生产的条件下，合作社应该鼓励和适当地帮助社员经营家庭副业。

第二十九条　农业生产合作社应该制定全面的生产计划，有计划地进行生产。

合作社应该制定三年以上的长期计划，全面地规划这个时期内的各项生产和建设。

在每一个生产年度开始以前，合作社应该定出年度的生产计划。年度的生产计划包括以下的主要内容：1. 作物的种植计划、产量计划，保证完成计划的技术措施；2. 林业、畜牧业、水产业和其他副业生产计划；3. 基本建设计划；4. 劳动力和畜力的使用计划。

为了保证年度生产计划的完成，合作社应该按照农事季节或者耕作段落，定出一个季节的或者一个段落的生产计划，具体地规定生产任务和完成任务的期限。

第六章　劳动组织和劳动报酬

第三十条　农业生产合作社应该根据生产经营的范围、生产上分工分业的需要和社员的情况，把社员分编成若干个田间生产队和副业生产小组或者副业生产队，指定专人担负会计、技术管理、牲畜的喂养、公共财物的保管等专业工作，以便实行生产当中的责任制。

第三十一条　生产队是农业生产合作社的劳动组织的基本单位，生产队的成员应该是固定的。田间生产队负责经营固定的土地，使用固定的耕畜和农具。副业生产小组或者副业生产队负责经营固定的副业生产，使用固定的副业工具。

在给田间生产队配备成员和分配任务的时候，要照顾到耕作土地的数量、土地的分布状况、种植作物的种类和社员居住地点的远近，并且要使劳动力的多少、技术的高低和领导力量的强弱，同生产队所担负的生产任务相适应。在给副业生产小组或者副业生产队配备成员和分配任务的时候，也要作相应的照顾。

在必要的时候，管理委员会可以调动某一生产队的人员、耕畜、农具和工具，支援别的生产队，或者组成临时的生产队，完成一定的任务。

第三十二条　农业生产合作社要正确地规定各种工作的定额和报酬标准，实行按件计酬。

每一种工作定额，都应该是中等劳动力在同等条件下积极劳动一天所能够做到的数量和应该达到的质量，不能偏高偏低。

每一种工作定额的报酬标准，用劳动日作计算单位。完成每一种工作定额所应得的劳动日，根据这种工作的技术高低、辛苦程度和在生产中的重要性来规定。各种工作定额的报酬标准的差别，应该定得适当，不能偏高偏低。

在工作条件有了变化的时候，管理委员会可以适当地调整工作定额。

第三十三条　农业生产合作社可以实行包产和超产奖励。各个田间生产队和副业生产小组或者副业生产队，必须保证完成规定的产量计划，还必须保证某些副业产品达到一定的质量。对于超额完成了生产计划的，应该斟酌情形多给劳动日，作为奖励。对于经营不好，产量或者产品质量达不到计划的，应该斟酌情形扣减劳动日，作为处罚。如果遇到不可抗拒的灾害，应该适当地修改产量计划。

全社的生产因为领导得好，超额完成了生产计划，对于有功的管理人员，应该多给劳动日，作为奖励。

社员在生产技术上有创造发明的，对保护公共财产和节约开支有特殊贡献的，应该多给劳动日，作为奖励。

第三十四条　农业生产合作社要制定劳动计划。在规定各个生产队全年的、一个季节的或者一个段落的生产计划的时候，要同时计算出完成生产计划所需要支付的劳动日的数量。合作社可以实行包工，按照所计算的劳动日数量，把生产任务包给生产队。

合作社根据生产的需要和社员的自报，规定每个社员在全年和每个季节或者每个段落应该做到多少个劳动日。合作社在规定每个社员应该做多少劳动日的时候，要注意社员的身体条件，照顾女社员的生理特点和参加家务劳动的实际需要。

社员在做够了规定的劳动日以后，其余的时间由社员自由支配。

第三十五条　农业生产合作社的管理人员，经常不能直接参加生产劳动的，合作社应该根据各人所担负的任务的多少和工作的繁简，由社员大会或者社员代表大会议定一定数量的劳动日，作为报酬。用一部分时间参加社务工作的管理人员和参加临时性社务工作的社员，合作社应该按照他所参加的工作的多少和占去生产劳动时间的多少，给以适当数量的劳动日，作为补贴。

合作社主任全年所得的劳动日，一般地应该高于一个中等劳动力一年所得的劳动日。

合作社的管理人员不能过多。全部管理人员参加社务工作所得的劳动日的数量，加上补贴给参加临时性社务工作的社员的劳动日的数量，至多不能超过全社劳动日总数的2%。

第三十六条　农业生产合作社要组织劳动竞赛。通过劳动竞赛，动员社员积极地提高劳动效率和生产技术，克服生产当中所发生的各种困难，完成和超额完成生产计划。

对于在劳动竞赛当中的先进单位或者个人，合作社应该给以奖励。

第三十七条　农业生产合作社在劳动管理上要建立检查和验收的制度。管理委员会和各个生产队队长要及时地和深入地检查各队和各人是不是按照规定的数量、质量和时间完成任务。对于没有按照规定完成任务的生产队或者个人，可以要求重做或者斟酌情形扣减劳动日。

第三十八条　农业生产合作社社员必须遵守以下的劳动纪律：

（一）不无故旷工。

（二）劳动的时候听指挥。

（三）保证工作的质量。

（四）爱护公共财产。

对于违反劳动纪律的社员要进行教育和批评。如果情节严重，可以分别情况，给以扣减劳动日、赔偿损失、撤销职务以至取消社员资格的处分。

第七章　财务管理和收入分配

第三十九条　农业生产合作社管理委员会应该在制定年度生产计划的同时，制定年度的财务收支预算，提交社员大会或者社员代表大会通过以后实行。

合作社的预算应该包括：资金（包括实物和现金）的来源和本年度使用资金的计划，本年度生产总值的概算和分配的概算。

第四十条　农业生产合作社使用资金，必须严格地注意节约，避免浪费，在财务管理上贯彻执行勤俭办社的方针。每年预算的生产费的各个项目（包括种子、肥料、草料的开支，购买农药、修理农具、医治耕畜的费用，付给拖拉机站、畜力农具站的代耕费用和抽水机站的灌溉费用，副业生产周转的费用，生产管理费等），都应该定出开支的限额。合作社的生产管理费的限额（不包括社务工作的报酬和补贴），至多不能超过全年生产总值的千分之五。

第四十一条　农业生产合作社必须建立必要的财务制度和手续。

合作社的一切开支都要经过一定的审查和批准手续。预算以内的一般开支，要经过管理委员会主任批准。预算以内的较大开支，要经过管理委员会通过。追加预算，要经过社员大会或者社员代表大会讨论通过。对于一切不合制度和手续的开支，会计员和出纳员有权拒绝。

合作社的一切收支必须有单据证明，会计员凭单据记账。

合作社的会计工作和出纳工作要分人负责。

合作社的账目必须日清月结，按季、按生产年度公布收支结果。每个社员所得的劳动日的账目，必须按月公布。

合作社的公共财产必须有专人保管。公共财产的清单，在年度结账的时候公布。

第四十二条　农业生产合作社的公共财产必须受到保护，任何社员都不得侵犯。对于贪污、盗窃、破坏公共财产的，或者由于不负责任造成公共财产的重大损失的，合作社应该分别情况给以应得的处分，并且要他退回原物或者赔偿；对于情节严重的，应该请司法机关处理。

第四十三条　农业生产合作社全年收入的实物和现金，在依照国家的规定纳税以后，应该根据既能使社员的个人收入逐年有所增加、又能增加合作社的公共积累的原则，按以下的项目进行分配：

（一）把本年度消耗的生产费扣除出来，留作下年度的生产费和归还本年度生产周转的贷款和投资。

（二）从扣除消耗以后所留下的收入当中，留出一定比例的公积金和公益金。公积金一般地不超过 8%，包括归还到期的基本建设的贷款和投资在内。公益金不超过 2%。经营经济作物的合作社，公积金可以增加到 12%。

（三）其余的全部实物和现金，按照全部劳动日（包括农业生产、副业生产、社务工作的劳动日和奖励给生产队或者个人的劳动日），进行分配。

如果合作社的生产增加不很多，为了增加社员的个人收入，公积金可以少留。遇到荒年，公积金可以少留或者不留。遇到丰年，在保证社员个人收入增加的条件下，公积金也可以酌量多留。收入分配的方案应该由社员大会或者社员代表大会讨论通过。

第四十四条　春季和夏季收获的农产品，农业生产合作社在留下所需要的部分以后，应该按照社员已经得到的劳动日的多少，预先分配给社员，到生产年度终了的时候再行结算。

合作社的现金收入和国家对农产品的预购定金，在留下所需要的部分以后，应该根据社员已经得到的劳动日和实际需要，分期预支给社员，到生产年度终了的时候再行结算。

第八章　政治工作

第四十五条　农业生产合作社要在共产党和人民政府的领导下，在青年团和妇女联合会的协助下，进行政治工作。

政治工作的目的，是保证完成生产计划，保证执行勤俭办社的方针，反对铺张浪费，保证按劳取酬和男女老少同工同酬，保证合作社的集体利益、国家利益和社员的个人利益得到正确的结合，从思想上和组织上巩固农业生产合作社。

第四十六条　农业生产合作社要利用业余时间，向社员讲解和宣传国内外的时事、共产党的主张和人民政府的政策法令，并且要通过社内的各种实际活动，向社员进行爱国主义和集体主义的教育，加强工农联盟的思想，不断地提高社员的社会主义觉悟，克服资本主义思想残余。

第四十七条　农业生产合作社要采取组织劳动竞赛、组织参观、交流经验、提倡改进生产技术、奖励合理化建议、表扬先进生产者等办法，鼓励社员在劳动中发挥积极性和创造性。

第四十八条　农业生产合作社要充分发扬社内民主，反对强迫命令和官僚主义，开展批评和自我批评，加强领导人员同社员之间、社员同社员之间、生产队同生产队之间的团结。

合作社要加强同其他农业生产合作社、手工业生产合作社、供销合作社、信用合作社之间的团结，要注意团结社外农民。

第四十九条　在多民族的地区，农业生产合作社要特别注意民族间的团结互助，尊重各民族的风俗习惯。在两个以上民族的农民联合组成的合作社里，要发扬多数照顾少数、先进帮助后进的精神，团结各民族的社员办好合作社。

在有归国华侨和侨眷的地区，合作社要特别注意团结归国华侨和侨眷办好合作社。

第五十条　农业生产合作社要不断地提高社员的革命警惕性，加强合作社的保卫工作。

第九章　文化福利事业

第五十一条　农业生产合作社必须注意社员在劳动中的安全，不使孕妇、老年和少年担负过重和过多的体力劳动，并且特别注意使女社员在产前产后得到适当的休息。

合作社对于因公负伤或者因公致病的社员要负责医治，并且酌量给以劳动日作为补助；对于因公死亡的社员的家属要给以抚恤。

第五十二条　农业生产合作社应该在生产发展的基础上，随着合作社收入和社员个人收入的增加，根据社员的需要，逐步地举办以下各种文化、福利事业：

（一）组织社员在业余时间学习文化和科学知识，在若干年内分批扫除文盲。

（二）利用业余时间和农闲季节，开展文化、娱乐和体育活动。

（三）开发公共卫生工作和社员家庭卫生保健工作。

（四）提倡家庭分工、邻里互助、成立托儿组织，来解决女社员参加劳动的困难，保护儿童的安全。

（五）女社员生孩子的时候，酌量给以物质的帮助。

（六）在可能的条件下，帮助社员改善居住条件。

第五十三条　农业生产合作社对于缺乏劳动力或者完全丧失劳

动力、生活没有依靠的老、弱、孤、寡、残疾的社员，在生产上和生活上给以适当的安排和照顾，保证他们的吃、穿和柴火的供应，保证年幼的受到教育和年老的死后安葬，使他们生养死葬都有依靠。

对于遭到不幸事故、生活发生严重困难的社员，合作社要酌量给以补助。

第五十四条　农业生产合作社应该在若干年内，组织社员逐步地做到储备一年到两年的粮食，以备紧急时候的需要。

第十章　管理机构

第五十五条　农业生产合作社的最高管理机关是社员大会或者社员代表大会。

社员大会或者社员代表大会选出管理委员会管理社务；选出合作社主任领导日常工作，对外代表合作社；选出一个到几个副主任协助主任进行工作。合作社主任、副主任兼管理委员会主任、副主任。

社员大会或者社员代表大会选出监察委员会监察社务。

第五十六条　社员大会行使以下的职权：

（一）通过和修改社章。

（二）选举和罢免合作社主任、副主任和管理委员会的委员，监察委员会的主任和委员。

（三）通过转为合作社集体所有的耕畜、农具、林木等的作价和股份基金的征集方案。

（四）审查和批准管理委员会提出的生产计划和预算。

（五）通过社务工作的报酬和补贴的方案。

（六）审查和通过管理委员会提出的全年收入分配和预分、预支的方案。

（七）审查和批准管理委员会和监察委员会的工作报告。

（八）通过新社员入社。

（九）通过对社员的重大奖励和重大处分；决定取消和恢复社员资格。

（十）其他重大事项。

第五十七条　社员大会或者社员代表大会由管理委员会召开，每年至少开会两次。

社员大会必须有过半数的社员出席，才能行使职权。在行使第五十六条第（一）、（二）、（三）、（四）、（五）、（六）、（九）项规定的职权的时候，必须有出席社员的三分之二的多数通过，才能作出决议；行使其他各项职权，必须有出席社员的过半数通过，才能作出决议。

第五十八条　农业生产合作社在社员人数过多，或者社员的居住地点过于分散，召开社员大会确有困难的情况下，可以召开社员代表大会，行使社员大会的各项职权。

社员代表大会的代表，一般地由各个生产单位选举。除了有社员一千人以上的大社以外，社员代表大会代表的名额不能少于全体社员的十分之一。担任专业工作的社员、女社员、青年社员，应该在代表的名额里面占有适当的比例。在多民族的地区和有归国华侨、侨眷的地区，少数民族社员和归国华侨、侨眷社员，也应该在代表名额里面占有适当的比例。

社员代表大会必须有全体代表的三分之二的多数通过，才能作出决议。

有社员代表大会召开以前，必须以生产队为单位召开或者按地区分片召开社员会议，充分地征求社员的意见，由代表把这些意见带到社员代表大会去讨论；在社员代表大会闭会以后，必须召开同样的会议，由代表负责把代表大会的决议向社员报告。

第五十九条 农业生产合作社管理委员会根据社章和社员大会或者社员代表大会的决议管理社务。

管理委员会由主任、副主任和委员组成。按照合作社的大小，管理委员会一般地可以设九个到十九个委员。管理委员会的委员可以按照社内的事务进行分工。

管理委员会的决定，必须经过管理委员会委员的多数通过，管理委员会在工作中必须发扬民主作风，不许滥用职权。

管理委员会可以按照需要，任命合作社的工作人员。管理委员会任命生产队长或者直属的生产组长，事前要征求队员或者组员的同意。

第六十条 监察委员会监督合作社主任、副主任和管理委员会的委员是不是遵守社章和社员大会或者社员代表大会的决议，检查合作社的财务收支是不是正确，检查合作社内对公共财产有没有贪污、偷盗、破坏等情形。监察委员会要按期向社员大会或者社员代表大会报告工作，并且可以随时向管理委员会提出意见。

监察委员会一般地由五个到十一个委员组成。在需要的时候，监察委员会可以推选一个到两个副主任，协助主任进行工作。

合作社的主任、副主任和管理委员会的委员、会计员、出纳员、保管员，都不能兼任监察委员会的职务。

第六十一条　农业生产合作社的主任、副主任和管理委员会的委员、监察委员会的主任和委员，每年改选一次，可以连选连任。

在合作社的领导人员和工作人员里面，女社员要占有一定的名额。在合作社主任、副主任里面，至少要有妇女一人。

如果合作社社员有不同的民族成分，各民族的社员在领导人员和工作人员里面要占有适当的比例。如果合作社内有相当数量的归国华侨和侨眷，他们在领导人员和工作人员里面也要占有适当的名额。

第十一章　附　则

第六十二条　供初级农业生产合作社采用的农业生产合作社示范章程的规定，如果同本章程不相抵触、又为高级合作社所需要的，高级合作社可以采用。

第六十三条　各省、市依照当地的情况和需要，可以对于本章程没有规定或者没有具体规定的事情，作出补充规定。

第六十四条　民族自治地方依照当地民族的特点和实际的需要，可以对于本章程没有规定或者没有具体规定的事情，作出补充规定，也可以根据本章程的基本原则，制定适用于当地的合作社示范章程。

文件之二：民政部关于印发《县级农村社会养老保险基本方案（试行）》的通知

民办发〔1992〕2号

各省、自治区、直辖市民政厅（局）、各计划单列市民政局：

根据国务院《关于企业职工养老保险制度改革的决定》（国发［1991］33号）中关于农村（含乡镇企业）的养老保险制度改革，由民政部负责，具体办法另行制定的决定，民政部制定了《县级农村社会养老保险基本方案（试行）》。方案草案几经征求意见，并在几十个试点县（市）试行了一个阶段。实践表明，《方案》比较符合农村的实际，是可行的。现将《县级农村社会养老保险基本方案（试行）》印发给你们，请各地向党委和政府汇报，并在工作中，结合实际情况，认真贯彻执行。在执行中，总结经验，使之不断完善。

附：县级农村社会养老保险基本方案（试行）

一、指导思想和基本原则

农村社会养老保险是国家保障全体农民老年基本生活的制度，是政府的一项重要社会政策。建立农村社会养老保险制度，要从我国农村的实际出发，以保障老年人基本生活为目的；坚持资金个人交纳为主，集体补助为辅，国家予以政策扶持；坚持自助为主、互济为辅；坚持社会养老保险与家庭养老相结合；坚持农村务农、务工、经商等各类人员社会养老保险制度一体化的方向。由点到面，逐步发展。

二、保险对象及交纳、领取保险费的年龄

1. 保险对象：市城镇户口、不由国家供应商品粮的农村人口。一般以村为单位确认（包括村办企业职工、私营企业、个体户、外出人员等），组织投保。乡镇企业职工、民办教师、乡镇招聘干部、职工等，可以以乡镇或企业为单位确认，组织投保。少数乡镇因经济或地域等原因，也可以先搞乡镇企业职工的养老保险。外来劳务人员，原则上在其户口所在地参加养老保险。

2. 交纳保险年龄不分性别、职业为20周岁至60周岁。领取养老保险金的年龄一般在60周岁以后。

三、保险资金的筹集

资金筹集坚持以个人交纳为主，集体补助为辅，国家给予政策扶持的原则。个人交纳要占一定比例；集体补助主要从乡镇企业利润和集体积累中支付；国家予以政策扶持，主要是通过对乡镇企业支付集体补助予以税前列支体现。

1. 在以个人交纳为主的基础上，集体可根据其经济状况予以适当补助（含国家让利部分）。具体方法，可由县或乡（镇）、村、企业制定。

2. 个人的交费和集体的补助（含国家让利），分别记账在个人名下。

3. 同一投保单位，投保对象平等享受集体补助。

按计划生育有关政策，在没有实行独生子女补助的地区，独生子女父母参加养老保险，集体补助可高于其他对象。具体办法由地方政府制定。

4. 乡镇企业职工的个人交费、企业补助分别记账在个人名下，建立职工个人账户，企业补助的比例，可同地方或企业根据情况决定。企业对职工及其他人员的集体补助，应予按工资总额的一定比例税前列支。具体办法由地方政府制定。

四、交费标准、支付及变动

1. 多档次，月交费标准设2、4、6、8、10、12、14、16、18、20元十个档次，供不同的地区以及乡镇、村、企业和投保人选择。各业人员的交费档次可以有所区别。交费标准范围的选择以及按月交费还是按年交费，均由县（市）政府决定。

2. 养老保险费可以补交和预交。个人补交或预交保险费，集体可视情况决定是否给予补助。补交后，总交费年数不得超过四十年。预交年数一般不超过三年。

3. 个人或集体根据收入的提高或下降，经社会养老保险管理部门批准，可按规定调整交纳档次。

4. 当遇到各种自然灾害或其他原因，个人或集体无能力交纳养老保险金，经社会养老保险管理部门批准，在规定的时间内可暂时停交保费。恢复交费后，对于停交期的保费，有条件也可以自愿补齐。服刑者停交保险费，刑满回原籍者，原保险关系可以恢复，继续投保。

5. 投保人在交费期间身亡者，个人交纳全部本息，退给其法定继承人或指定受益人。

6. 领取养老金从60周岁以后开始，根据交费的标准、年限，确定支付标准（具体标准，另行下发）。调整交费标准或中断交费者，其领取养老金标准，需待交费终止时，将各档次，各时期积累的保险金额合并，重新计算。

投保人领取养老金，保证期为十年。领取养老金不足十年身亡者，保证期内的养老金余额可以继承。无继承人或指定受益人者，按农村社会养老保险管理机构的有关规定支付丧葬费用。

领取养老金超过 10 年的长寿者，支付养老金直至身亡为止。

7. 投保对象从本县（市）迁往外地，若迁入地已建立农村社会养老保险制度，需将其保险关系（含资金）转入迁入地农村社会养老保险管理机构。若迁入地尚未建立养老保险制度，可将其个人交纳全部本息退发本人。

8. 投保人招工、提干、考学等农转非，可将保险关系（含资金）转入新的保险轨道，或将个人交纳全部本息退还本人。

五、基金的管理与保值增值

基金以县为单位统一管理。保值增值主要是购买国家财政发行的高利率债券和存入银行，不直接用于投资。基金使用，必须兼顾当前利益和长远利益，国家利益和地方利益，同时要建立监督保障机制。

1. 县（市）农村社会养老保险机构，在指定的专业银行设立农村社会养老保险基金专户，专账专管，专款专用。民政部门和其他部门都不能动用资金。

2. 各乡镇交纳的养老保险基金直接入银行的专户。

3. 养老保险基金除需现支付部分外，原则上应及时转为国家债券。国家以偿还债务的形式返回养老金。现金通过银行收付。

4. 养老保险基金用于地方建设，原则上不由地方直接用于投资，而是存入银行，地方通过向银行贷款，用于建设。具体做法，另行规定。

5. 农村社会养老基金和按规定提取的管理服务费以及个人领取的养老金，都不计征税、费。

六、立法、机构、管理和经费

1. 根据《基本方案》，由县（市）政府制定《农村社会养老保险暂行管理办法》。通过实践，补充完善后，由政府发布决定或命令，依法建立农村社会养老保险制度。

2. 县级以上人民政府要设立农村社会养老保险基金管理委员会，实施对养老保险基金管理的指导和监督。委员会由政府主管领导同志任主任，其成员由民政、财政、税务、计划、乡镇企业、审计、银行等部门的负责同志和投保人代表组成。乡（镇）、村两级群众性的社会保障委员会要协助工作，并起监督作用。

3. 县（市）成立农村社会养老保险事业管理处（隶属民政局），为非营利性的事业机构，经办农村社会养老保险的具体业务，管理养老保险基金。

4. 乡镇设代办站或招聘代办员，负责收取、支付保费、登记建账及其他日常工作。

5. 村由会计、出纳代办，负责收取保费、发放养老金等工作。

6. 农村社会养老保险，按人立户记账建档，实行村（企业）、乡、县三级管理。保险费必须按期交纳，按规定进入银行专用账户。逾期可罚交滞纳金。发给投保人保险费交费凭证，到领取年龄后，换发支付凭证。随着条件的成熟，逐步建立个人社会保障号码，运用计算机管理，提高效率。

7. 县（市）成立的事业性质农村社会养老保险机构，地方财政可一次性拨给开办费，逐步过渡到全部费用由管理服务费支出。管理服务费按国家的规定提取并分级使用。

七、理顺关系，稳妥处理与部分现行养老办法的衔接

农民的社会养老保险，是国家在农村建立的基本养老保障制度，标准较低，覆盖面大。除此之外，乡村（含乡镇企业）还可根据其经济力量，自办各种形式的补充养老保障，鼓励发展个人的养老储蓄。同时应充分发挥农村已有的各种基层社会保障形式的功能，形成更为完善、具有中国特色的农村社会保障体系。

1. 由保险公司开办的各种保险，可暂时维持现状，但不能再扩大，避免给建立农村社会养老保险制度造成困难。

2. 对于目前一些部门已搞的养老保险和乡（镇）、村或乡镇企业的退休办法等，要慎重对待。一些以集体经济为基础的现收现支养老办法和其他形式的做法，有的可作为社会养老保险的补充层次而保留。有的待工作开展后，逐步调整。

3. 对于优抚对象、社会救济对象、五保户、贫困户，现行保障政策不变。

文件之三：民政部关于印发《农村社会养老保险管理服务费提取使用办法（试行）》的通知

民办发〔1992〕6号

各省、自治区、直辖市民政厅（局），各计划单列市民政局：

现将《农村社会养老保险管理服务费提取使用办法（试行）》印发给你们，请遵照执行。

附：农村社会养老保险管理服务费提取使用办法（试行）

第一条　为了加强对农村社会养老保险管理服务费的管理，根据国家有关政策，制定本办法。

第二条　农村社会养老保险事业管理机构（以下简称管理机构）可从收取的养老保险费中，提取管理服务费。

第三条　管理服务费按当年收取保险费总额的3%提取。

第四条　根据保险费交纳的情况，管理服务费可按月、按季提取，也可按年提取，但不得重复计提。

第五条　管理服务费以县（市、区、旗）为单位统一提取，分级使用。分级使用的比例：

县级管理机构为整个管理服务费的85%，地市级管理机构为7%，省级管理机构为6%，中央级管理机构为2%；其中，直辖市管理机构为8%，其县（区）管理机构为90%。县级管理机构计提管理服务费，按分级使用比例，分别直接交付给上级管理机构。上级管理机构收到县级管理机构上交的管理服务费，应开具收据。

第六条　乡镇管理机构的经费，由县级管理机构核发；村和乡镇企业养老保险代办费，由县、乡级管理机构核发。

第七条　管理服务费的使用范围：管理机构的人员工资和福利费、公务费、业务费、设备购置费、修理费、培训费、提交上级机构的管理服务费，拨补下级机构的管理服务费，其他必要的费用。

纳入国家预算的管理机构，只能开支业务费和培训费。

第八条　各级管理机构的管理服务费，要单独在银行设立账户，专账管理，专款专用。费用开支标准，严格按照当地政府及财政等有关主管部门的规定执行。

第九条　各级管理机构的管理服务费的提取和使用，年初要提出年度预算，年终要进行决算。

第十条　各级管理机构管理服务费的收支及管理情况，接受同级农村养老保险基金委员会、民政、财政、物价、审计部门的监督。

第十一条　本办法由民政部负责解释。

第十二条　本办法自印发之日起施行。

文件之四：民政部关于农村社会养老保险基金使用管理几个问题的通知

民办函〔**1994**〕**128** 号

为了加强对农村社会养老保险基金的管理，民政部［1992］15号文件曾就有关事宜作过规定。根据中央、国务院有关精神和当前各地的实际情况，现将有关问题通知如下：

一、要严格管理农村社会养老保险基金的运营。在确保安全无风险的前提下，在国家政策允许的范围内，使其尽可能增殖。要坚持对广大农民负责的原则，抵制个别领导及有关部门不应有的行政干预。

二、民政部门和其他部门都不得动用农村社会养老保险基金进行直接投资。

三、凡是有保险基金运营的地方，都要尽快建立健全财会制度。基金的收入、拨出、上解、支付、存储、回收及提取管理服务费等运作，必须履行完备的财务手续。

以上请各地认真执行。

文件之五：农村社会养老保险编号办法

民办发〔**1993**〕**1** 号

各省、自治区、直辖市民政厅（局），各计划单列市民政局：

为了做好农村社会养老保险规范化管理工作，并为实行统一程序进行计算机数据处理做好准备，现将《农村社会养老保险编号办法》印发给你们，请遵照执行，并请尽快转发至各县（市、区、旗）。

附：农村社会养老保险编号办法

一、个人保险编号

（一）编号含义

编号由10位阿拉伯数字组成，从左至右的含义如下：

1-2位代表个人所在乡（镇）或所在参加农村社会养老保险的县办企事业单位（以下简称县办企事业单位）3-5位，000代表县办企事业单位，001-099代表个人所在行政村（以下简称村），101-999代表参加保险个人所在的乡（镇）办企事业单位；6-7位代表个人出生年份（与个人身份证号码7-8位数相同）；8-10位代表在同一年出生的人参加保险的序号。

（二）编号方法

个人保险编号以县为单位统一进行。全体做法如下：

1. 县对各乡（镇）及县办企事业单位进行统一编号，下发至各乡（镇）及县办企事业单位。

2. 各乡（镇）对所属村及乡（镇）办企事业单位进行统一编

号，报县备案；县编制农村社会养老保险编号单位编码一览表（见附表1），发至各村及乡（镇）办企事业单位。各乡（镇）、村的编号尽量与统计、计划等部门的单位排列顺序一致。

3. 编号单位撤销时，其编号不再使用。

4. 各编号单位对本单位的保险对象依次进行编号。对相同出生年份的人按登记顺序进行编号（相同出生年份但不同出生月份的不再进行顺序比较），每个年份的人都分别从001开始编列序号。

5. 保险对象缴费期间，凡在本县范围迁移（包括户口迁移），编号（不论在哪个编号单位编的号）不变；离开本县但仍在本县缴费的，首次编号也不变。

6. 保险对象在领取养老金之前要确定领取单位或领取地点，根据领取单位和地点重新确定其保险编号。

（三）个人保险号码变更

保险对象离开本县并在县外缴费的，均要按有关规定办理保险关系迁移手续，并注销其保险编号。

对于缴费期间死亡的保险对象，也应及时注销其保险编号。

保险对象退出本县保险，管理机构在办理退保同时应注销其保险编号。

新增加保险对象和由外县迁入的保险对象，应及时编号，个人序号接所在编号单位同年龄最后一个编号。

（四）填写农村社会养老保险个人基本情况登记表（以下简称登记表）

各编号单位将不同出生年份的人分别填写在不同的表页上，相同出生年份的保险对象登记在同一页上，对同一年份的人按登记表的排列顺序赋给个人序号。每个编号单位登记表的汇总，按出生年代由小到大顺序进行排列（见附表2）。

（五）个人保险编号在管理工作中的作用

个人的养老保险编号在一个县内是唯一的，养老保险手册、养老保险缴费明细表、缴费记录卡等单证号码都是一致的，个人保险编号发生变化，其余与编号有关的单证号码也都要相应变化。有关个人养老保险情况的检索和查询都将根据保险编号进行。

（六）举例

设某县有二十个乡（分别为一乡、二乡、……、二十乡）；

其中一乡有十四个村（分别为一村、二村、……、十四村）；

1. 县对乡编号

一乡：01，二乡：02，……，二十乡：20；

县对县办企业编号为31，32，……

2. 乡对村编号

一乡对一村、二村、……、十四村编号分别为01001，01002，……，01014；

一乡对所属乡镇企业编号分别为01101，01102，……

县办企业为31000，32000，……

3. 编号单位对个人进行编号

（1）编号

一乡二村对个人编号，设分别为1935、1936、……、1972年各年龄段的人参加养老保险。

1953年出生的人有8人，则编号分别为0100253001、0100253002、……、0100253008；……

1966 年出生的人有 10 人，编号分别为 0100266001、0100266002、……、0100266010；

1967 年出生的人有 6 人，则编号分别为 0100267001、0100267002 、……、0100267006；……

31000 企业对个人编号

1966 出生的有 4 人，编号分别为 3100066001 ，3100066002 ，3100066003，3100066004；

01101 企业对个人编号

1967 年出生的有 8 人，编号分别为 0110167001，0110167002，……，0110167008，……

（2）变更

如 01002 村 1953 年出生的人 010025306 死亡，则相应注销其保险编号，其余的人编号不变；1966 年出生的人，010026004 迁出县外并在县外缴费，注销其保险编号，其余的人编号不变；

如由其他地方分别迁到 01002 村 1966 年出生的 4 人，1967 年出生的 2 人，这 6 个人的新编号分别为 0100266011、0100266012、0100266013、0100266014、0100267007 、0100267008。

二、缴费单位编号

（一）编号含义

编号采用 6 位阿拉伯数字表示，从左至右的含义如下：

1-2 位，01-98 表示缴费单位所在乡（镇），99 表示县办企事业单位；

3-4 位，01-98 表示单位所在村，00 表示县办企业，99 表示乡（镇）办企事业单位；

5-6 位表示缴费单位序号，00 表示行政村本身，01-99 为企事业单位。

（二）编号方法

县内各行政村均作为一个缴费单位，负责本村保险费的收缴工作。对于一些较稳定的乡（镇），村企事业单位，也可以作为一个缴费单位，负责本企事业职工的保险费收缴工作。对于各缴费单位，乡（镇）、村可以为其设立一个缴费单位编号。县办企事业单位如参加农村社会养老保险，也可以作为一个缴费单位，由县为其设立一个编号。

各县对所属县办企业进行编号；各乡镇对所属企业进行编号，各村对所属企业进行编号，报县备案。县形成缴费单位一览表（见附表 3），存档。

（三）变更

撤销一个缴费单位，其相应编号也要注销并在一定时期内不再使用；增加一个缴费单位，则相应增加一个编号。缴费单位编号变动较大时，县机构可以对缴费单位编号进行调整。

（四）保险单位编号的作用

对保险单位进行编号，是为了便于管理机构统一掌握缴费单位的总体情况，同时也是为了便于缴费明细表的存放、检索和查找。缴费单位编号与个人保险编号无关。

（五）举例

如县办企业编号分别为 990001，990002，……

一乡所属企业编号分别为 019901，019902，……

一乡各行政村编号分别为 010100，010200，……，011400；

一乡一村所属企业编号分别为010101，010102，……；

三、县及县以上单位保险编号

县及县以上单位编号以G260-91《中华人民共和国行政区划代码》（科学普及出版社出版，新华书店发行）为准。凡是县改市的，其编码不变；其他行政区划变更，编码由民政部颁布。

四、本办法自下发之日起执行，凡是与本办法不一致的编号，均以本办法为准。

附件1：农村社会养老保险编号单位编码一览表

附件2：农村社会养老保险个人基本情况登记表

附件3：缴费单位编号一览表

文件之六：民政部办公厅关于印发《农村社会养老保险会计制度（试行）》的通知

民办发〔1993〕4号

各省、自治区、直辖市民政厅（局），各计划单列市民政局：

根据《中华人民共和国会计法》的有关规定和农村社会养老保险业务的实际情况，为了适应当前工作的需要，经与有关部门协商，现将《农村社会养老保险会计制度（试行）》印发各地执行。在执行中有什么问题，请及时报告我们。

附：农村社会养老保险会计制度（试行）

第一章　总　则

第一条　为了加强农村社会养老保险（以下简称养老保险）会计工作，发挥会计在各项业务、财务活动中的核算、监督和管理作用，根据《中华人民共和国会计法》和有关法规、政策，结合养老保险业务特点，特制定本制度。

第二条　本制度适用于县级养老保险事业单位（以下简称单位）。

第三条　保险基金和单位经费必须分账管理，单独核算，专项储存，专款专用。

第四条　养老保险基金的日常会计核算要采用“收付实现制”原则；为了反映全年的收支情况，在年终采用“权责发生制”原则调整账务。单位经费的会计核算要采用“收付实现制”原则。

会计年度从公历1月1日至12月31日止。月份的划分，按照公历月份的起止日期办理。单位不得提前结账。

第五条　会计记账方法采用“收付记账法”。其平衡公式是：资金来源-资金运用=资金结存。

第六条　会计记账以人民币“元”为单位，元以下记至角分。

第七条　本制度规定的记账方法、会计科目、会计报表，以及会计核算管理原则，各单位必须遵照执行。

第二章　会计工作的组织

第八条　单位设财会股。

第九条　单位会计的主要职责是进行会计核算，实行会计监督，参与财务计划管理。其基本任务是：

一、反映和监督本单位的财务收支和经营成果，加强经济核算。

二、反映和监督本单位对财经方针、政策、法规、制度的执行情况，维护财经纪律，保护公共财产。

三、反映和监督本单位的计划和预算的执行情况，加强计划管理。

第十条　会计人员应当保持相对稳定。财会股负责人或会计主管人员的任免，应征得上级主管部门同意，一般会计人员的调换，要征得会计主管人员同意。对不宜担任会计工作的人员，上级主管部门有权责成所在单位予以调换。

第十一条　对单位会计工作和会计人员的基本要求，按照财政部颁发的《会计人员工作规则》执行。

第三章　会计科目

第十二条　本制度规定的会计科目（见附件一）是反映、汇总和检查养老保险基金及单位经费活动情况和结果的全国统一的县级单位总账科目。非经批准，不得增减。各地可根据实际情况设置明细科目。

第十三条　基金部分会计科目的主要核算内容和方法规定如下：

一、资金来源类科目部分（本类各科目一般为收方余额）

保险费收入 F131

保险对象缴纳的保险费（扣除3%的管理服务费），用本科目核算。收取、增加保险费时，记收方；转出数记付方。平时，收方余额反映当期保险费收入累计数。年终本科目收方余额全部转入“责任金”科目。

本科目可按缴费单位进行明细核算。

利息收入 F132

本科目核算银行存款和有价证券等的利息收入。发生利息收入记收方；转出数记付方。平时收方余额反映当期所收利息的累计数。

年终本科目收方余额全部转入“调剂金”科目。

本科目可按存款和有价证券等进行明细核算。

其他收入 F133

养老保险基金的非专业业务收入（包括捐赠收入，赞助收入，

罚款收入等），用本科目核算。收入数记收方；转出数计付方。平时本科目收方余额反映当期其他收入累计数。

年终本科目的收方余额全部转入“调剂金”科目。

基金暂存款 F134

养老保险基金临时性应付、代管等款项用本科目核算。发生数记收方；转出或结算退还数记付方。收方余额反映尚未结算的暂存款数额。

应付利息 F135

本科目核算对养老保险基金预定负担而尚未支付的利息。年终，按规定从“调剂金”科目计提时记收方；转入“责任金”科目时记付方。平时，本科目应无余额。

责任金 F136

保险对象的净保费及对其应付利息的积累金额，用本科目核算。年末转入保险费收入或按规定计提应付利息时，记收方；转销支出保险金时，记付方。年终本科目收方余额为责任金累计数。

调剂金 F137

养老保险基金的增殖结余和其他收入，用本科目核算。转入时，记收方；按规定计提应付利息或经批准动用调剂金时，记付方。

年终本科目收方余额为调剂金累计数。

二、资金运用类科目部分（本类各科目是付方余额）

保险金支出 F231

养老保险金的支付，用本科目核算。各项支出数记付方；转出数记收方。付方余额反映当期实际支出累计数。年终本科目付方余额全部转入“责任金”科目。

本科目可按保险金种类（养老金、退保金、继承保证金、丧葬费等）进行明细核算。

基金暂付款 F232

养老保险基金临时发生的应收或待核销的结算款项，用本科目核算。暂付款数记付方；结算收回或核销转列支出数，记收方。付方余额反映尚待结算的暂付款数。

应收利息 F233

本科目核算养老保险基金的定期存款和有价证券等的年终应收未收利息。年终逐单、逐券算出当年的应收利息时，记付方；存款到期或证券兑现收到利息时，记收方。

三、资金结存类科目部分（本类各科目永远是收方余额）

基金存款 F331

养老保险基金在银行等金融机构的存款，用本科目核算。存入时，记收方；支出时，记付方。

库存现金 F332

养老保险基金的现金往来，用本科目核算。收到现金时记收方；付出现金时记付方。

收方余额反映库存现金余额。

有价证券 F333

养老保险基金购买的国库券和其他各种债券等有价证券，用本科目核算。购进证券时记收方，兑付证券本金时记付方。

收方余额反映尚未兑付的有价证券本金。

其他经营 F334

养老保险基金采用其他既无风险又确保增殖的办法时，用本科目核算。发生时记收方；收回或兑付本金等记付方。收方余额反映实际发生数。

第十四条　单位经费部分会计科目（见附件一）的主要核算内容和方法规定如下：

一、资金来源类

经费结余 3121

本科目核算单位管理服务费各项收支结余。年终，转入收入时，记收方；转入支出和结转专项基金时，记付方。

经费收入 3122

本科目核算本年度单位按照有关规定提取留用的管理服务费，

以及上级养老保险机构拨入的管理服务费、同级财政拨入的经费补贴。提取或拨入经费时，记收方；转出数记付方。年终，将余额转入“经费结余”科目后，应无余额。

应缴经费收入 3123

本科目核算本单位按规定应上缴的管理服务费收入等。应缴数记收方；冲销转账时，记付方。收方余额反映期末应缴经费收入累计数。

年终结账时，将应列本科目冲销的“上解上级经费”科目的付方余额转入本科目的付方冲销。年终，本科目应无余额。

经费暂存款 3124

本科目核算单位在业务往来中发生的经费暂存款。收方反映暂存款的增加，付方反映暂存款的减少，余额反映尚未处理的暂存款项。

利息收入 3125

本科目核算本年度单位在银行等金融机构经费存款的利息收入。发生利息收入时，记收方；转出数记付方。年终，将本科目收方余额转入“经费结余”科目后，应无余额。

其他收入 3126

本科目核算本年度单位取得的上述经费收入以外的其他经费收入，如报损固定资产处理收入、干部培训费用结余等等。年终，将

本科目收方余额转入“经费结余”的科目后，应无余额。

固定基金 3127

单位拥有的基金形式的固定资产，用本科目核算。收方反映固定基金的增加，付方反映固定基金的减少，余额反映单位固定资产净值。

折旧 3128

按规定计提的固定资产折旧，用本科目核算。计提固定资产折旧时，记收方；固定资产调出、变卖、报废时，按已提折旧记付方。收方余额反映单位固定资产的累计折旧。

专用基金 3129

本科目核算各种专用基金。提取、转入专用基金时记收方；支出时记付方。收方余额反映专用基金收支结余。

专用基金根据需要设置明细项目，一般有：事业发展基金、集体福利基金、职工奖励基金、后备基金、折旧基金等。

二、资金运用类

经费支出 3221

本科目核算本年度单位按照规定开支的各项费用。年终，将本科目付方余额转入“经费结余”科目的付方后，应无余额。

本科目可按照经费开支范围和项目设置明细科目。

上解上级经费 3222

本科目核算本年度上解上级养老保险管理机构的管理服务费。将累计发生额转入“应缴经费收入”科目后，年终，本科目应无余额。

经费暂付款 3223

本科目核算单位为了保证各项工作的正常运转而暂时支付的经费。发生时记付方，清理收回时记收方。年终余额为本年度尚未收回或报账核销的款项。

其他支出 3224

本科目核算本年度单位经费支出中不属上述各类支出的一些费用。年终，按照有关规定经审查批准后转入“经费结余”科目的付方后，应无余额。

三、资金结存类

经费存款 3331

本科目核算单位在银行等金融机构的管理服务费存款。存入时记收方，支出时记付方。

库存现金 3332

本科目核算单位管理服务费库存现金。收方反映库存现金增加额，付方反映库存现金减少额，余额为实有库存现金额。

有价证券 3333

管理服务费购买的国库券和其他各种债券等有价证券，用本科目核算。购进证券时记收方；兑付证券本金时记付方。收方余额反映尚未兑付的有价证券本金。

固定资产 3334

本科目核算单位所有的固定资产原值。收方反映固定资产增加数，付方反映固定资产减少数，余额反映现有固定资产原值的总额。本科目与“固定基金”，“折旧”科目为对应科目。

第四章　会计凭证与账簿

第十五条　会计凭证，是记录经济业务，明确经济责任的书面证明，是登记账簿的依据。

会计凭证按照填制程序和用途，分为原始凭证和记账凭证两种。各种会计凭证的内容、格式、填制方法和运转程序，必须做到责任清楚、审查严格、手续简便、便于查考，利于妥善保管。

第十六条　原始凭证（见附件二）必须具备下列基本内容：

一、凭证的名称和填制日期；

二、填制凭证的单位和填制人以及单位公章；

三、接受凭证的单位名称；

四、经济业务的内容、项目、数量、单价和金额；

五、本单位经办人员签名或盖章。

第十七条　适应“收付记账法”的特点，单位会计的记账凭证一律使用具有复式对应关系的“记账凭单”（见附件二）。

第十八条　会计账簿的设置方法如下：

一、总账。县级单位都必须设置养老保险基金总账和经费总账。总账根据本制度规定的总账会计科目名称设置账户。总账一般采用三栏订本式账簿（见附件三）；

二、明细账。根据业务需要设置。明细账根据原始凭证或原始凭证汇总单记账。各种明细账一般采用三栏式或多栏式账簿（见附件三）。

1. 各种收入明细账。一般按主要收入项目或收入单位设账户，采用三栏式或多栏式账簿。

2. 各种支出明细账。按主要支出项目和单位设户。一般采用多栏式账簿。

3. 各种往来款项明细账。各单位一般均应分别设置“暂存款”“暂付款”等往来款项明细账，按单位设置账户。本账一般采用三栏式账簿。

三、日记账。包括现金日记账和银行存款日记账及保险费收入和保险金支出等日记账。采用订本账簿。

第十九条　各单位要按照原始凭证编制记账凭单，根据原始凭证和记账凭单逐笔登记明细分类账和日记账，并编制科目汇总表，据以登记总账。

第二十条　各种会计账簿的启用原则和记账要点要按财政部颁发的会计制度办理。

第五章　会计报表

第二十一条　根据实际工作需要，对县级单位养老保险的会计报表规定如下：基金部分要求年终编报“农村社会养老保险基金活动情况表”和“农村社会养老保险基金收支明细表”，并附财务情况详细说明书，说明资金筹集、运用和给付情况及存在的问题，提出加强财务管理和会计工作的意见。

经费部分要求半年和年终编报“农村社会养老保险单位经费活动情况表”“农村社会养老保险单位经费收支明细表”和“农村社会养老保险单位专用基金收支明细表”。年报应附财务管理和会计工作意见。

以上各表的格式，见附件四。

第二十二条　县级单位的会计报表，应当根据会计账簿记录和有关资料编制，切实做到账表相符、内容完整和及时报送。

第六章　会计交接和会计档案管理

第二十三条　会计人员交接的基本要求规定如下：

一、会计主管人员办理交接，由本单位负责人监交，同时，应由上级单位派人协助监交。

二、会计人员办理移交手续前，对于已受理的经济业务尚未填列会计凭证的，必须全部填制完毕，尚未登记账目的，必须登记完毕。

三、移交人员因病或特殊原因不能亲自办理移交时，经领导批准可委托别人代办移交，但应自行负责。

第二十四条　会计档案是指会计凭证、会计账簿和会计报表等会计核算专业材料，是记录和反映各项业务、财务活动的重要史料和依据。各单位必须建立和健全会计档案的立卷、归档、保管、调阅和销毁等管理制度。主要管理要求规定如下：

一、各单位每年年终后形成的会计档案，应由财会股负责装订成册并整理立卷。当年会计档案，可在会计年度终了以后，由财会股保管一年。期满之后，由财会股编造清册，移交本单位的档案部门保管。

二、各种会计档案的保管期限根据工作需要，分为永久、长期、短期三类。其年限规定如下：

1、永久保管：（1）决算报表，包括各种年报和决算分析；（2）报表及重要单据的登记簿；（3）基金部分的会计凭证、账簿；（4）基金部分的会计档案的销毁清册、对外重要契约、单证等。

2、长期保管：经费部分的各种原始凭证和记账凭证，总账、明细账的保管期限为十五年；现金出纳账、银行存款账的保管期限为二十五年。

3、短期保管：半年会计报表，会计主管人员移交清册的保管期限为五年。

4、保管期限自档案所属会计年度终了后的第一天算起。

三、未满保管期的会计档案，不得销毁。

四、会计档案期满销毁时，应报上级部门批准，并登记销毁清册。

第七章　附　则

第二十五条　本制度的解释、修订权属民政部。各省、自治区、直辖市及计划单列市主管部门可根据具体情况作必要的补充规定，但不得与本制度相抵触，并报民政部备案。

第二十六条　本制度自下达之日起执行。

附件 1：总账科目表

附件 2：会计凭证式样

附件 3：会计账簿式样

附件 4：会计报表式样

文件之七：民政部关于保险对象退出保险有关事宜的通知

民办函〔1994〕39号

各省、自治区、直辖市民政厅（局），各计划单列市民政局：

为加强农村社会养老保险工作，健全管理制度，现就保险对象退出保险有关事宜通知如下：

一、退出保险可界定为正常退出保险和非正常退出保险。

因下列三种情况之一退出保险者，为正常退出保险：

（一）保险对象的户口由农村户口转为非农村户口；

（二）保险对象户口迁移而迁入地还未建立农村社会养老保险制度；

（三）保险对象在缴费期内死亡。

以上情况之外的退保者，一般为非正常退出保险。

二、保险对象要求退出保险，可由其保险关系所在的缴费单位（行政村或企事业单位）代办员向乡镇养老保险经办部门提交申请和有关证明材料，报县（市、区）农村社会养老保险主管机构审核、界定并作出处理。

三、对正常退出保险者，可将保险对象个人缴纳的保险费扣除管理服务费后按年复利率7.5%计息退还个人。集体对其补助部分，鉴于各地补助比例不一，在扣除管理服务费并按年复利率7.5%计息的基础上，由各地视情况决定退还个人的比例。集体补助不退给个人的部分，计入基金。

四、非正常情况原则上不允许退出保险。个别要坚持退出保险，经劝说教育无效的可以办理，但只退还保险对象个人缴纳的保险费（扣除管理服务费、不计息）。根据个人不参加养老保险集体不予补助的原则，原已记入个人名下的集体补助不予退还，计入基金。

本通知下发后，原有关退出保险做法与本通知不一致的，按本通知精神办理。

文件之八：中华人民共和国国务院令

第 **141** 号

现发布《农村五保供养条例》，自发布之日起施行。

总理　李鹏

一九九四年一月二十三日

农村五保供养工作条例

第一章　总　则

第一条　为做好农村五保供养工作，保障农村五保对象的正常生活，健全农村的社会保障制度，制定本条例。

第二条　本条例所称五保供养，是指对符合本条例第六条规定的村民，在吃、穿、住、医、葬方面给予的生活照顾和物质帮助。

第三条　五保供养是农村的集体福利事业。农村集体经济组织负责提供五保供养所需的经费和实物，乡、民族乡、镇人民政府负责组织五保供养工作的实施。

第四条　在五保供养工作中做出显著成绩的人员，由地方人民政府给予表彰、奖励。

第五条　国务院民政部门主管全国的五保供养工作。县级以上地方各级人民政府民政部门主管本行政区域内的五保供养工作。

第二章　五保供养的对象

第六条　五保供养的对象（以下简称五保对象）是指村民中符合下列条件的老年人、残疾人和未成年人：

（一）无法定扶养义务人，或者虽有法定扶养义务人，但是扶养义务人无扶养能力的；

（二）无劳动能力的；

（三）无生活来源的。

法定扶养义务人，是指依照婚姻法规定负有扶养、抚养和赡养义务的人。

第七条　确定五保对象，应当由村民本人申请或者由村民小组提名，经村民委员会审核，报乡、民族级、镇人民政府批准，发给《五保供养证书》。

《五保供养证书》由国务院民政部门制定式样，省、自治区、直辖市人民政府民政部门统一印制。

第八条　五保对象具有下列情形之一的，经村民委员会审核，报乡、民族乡、镇人民政府批准，停止其五保供养，收回《五保供养证书》：

（一）有了法定扶养义务人且法定扶养义务人具有扶养能力的；

（二）重新获得生活来源的；

（三）已满 16 周岁且具有劳动能力的。

第三章　五保供养的内容

第九条　五保供养的内容是：

（一）供给粮油和燃料；

（二）供给服装、被褥等用品和零用钱；

（三）提供符合基本条件的住房；

（四）及时治疗疾病，对生活不能自理者有人照料；

（五）妥善办理丧葬事宜。

五保对象是未成年人的，还应当保障他们依法接受义务教育。

第十条　五保供养的实际标准，不应低于当地村民的一般生活水平。具体标准由乡、民族乡、镇人民政府规定。

第十一条　五保供养所需经费和实物，应当从村提留或者乡统筹费中列支，不得重复列支；在有集体经营项目的地方，可以从集体经营的收入、集体企业上交的利润中列支。

第十二条　灾区和贫困地区的各级人民政府在安排救灾救济款物时，应当优先照顾五保对象，保障他们的生活。

第四章　五保供养的形式

第十三条　对五保对象可以根据当地的经济条件，实行集中供养或者分散供养。

第十四条　具备条件的乡、民族乡、镇人民政府应当兴办敬老院，集中供养五保对象。

第十五条　敬老院实行民主管理，文明办院，建立健全服务和管理制度。

五保对象入院自愿，出院自由。

第十六条　敬老院可以开展农副业生产，收入用于改善五保对象的生活条件。地方各级人民政府和有关部门对敬老院的农副业生产应当给予扶持和照顾。

第十七条　实行分散供养的，应当由乡、民族乡、镇人民政府或者农村集体经济组织、受委托的扶养人和五保对象三方签订五保供养协议。

第五章　财产处理

第十八条　五保对象的个人财产，其本人可以继续使用，但是不得自行处分；其需要代管的财产，可以由农村集体经济组织代管。

第十九条　五保对象死亡后，其遗产归所在的农村集体经济组织所有；有五保供养协议的，按照协议处理。

第二十条　未成年的五保对象年满16周岁以后，按照本条例第八条规定停止五保供养的，其个人原有财产中如有他人代管的，应当及时交还本人。

第六章　监督管理

第二十一条　县级以上地方各级人民政府民政部门，应当制定五保供养工作的监督管理制度，并负责督促实施。

第二十二条　农村集体经济组织未按照本条例规定供养五保对象的，五保对象有权提出供养要求，县级人民政府民政部门应当督促农村集体经济组织限期纠正。

第二十三条　按照五保供养协议负有扶养义务的人拒绝扶养五保对象，情节恶劣构成犯罪的，依法追究刑事责任。

第二十四条　五保供养工作人员贪污、挪用五保供养款物的，县级人民政府民政部门应当责令其全部退还，并给予行政处分；构成犯罪的，依法追究刑事责任。

第七章　附　则

第二十五条　本条例自发布之日起施行。

文件之九：中华人民共和国国务院令 第456号

《农村五保供养工作条例》已经2006年1月11日国务院第121次常务会议通过，现予公布，自2006年3月1日起施行。

总理 温家宝

二〇〇六年一月二十一日

农村五保供养工作条例

第一章　总　则

第一条　为了做好农村五保供养工作，保障农村五保供养对象的正常生活，促进农村社会保障制度的发展，制定本条例。

第二条　本条例所称农村五保供养，是指依照本条例规定，在吃、穿、住、医、葬方面给予村民的生活照顾和物质帮助。

第三条　国务院民政部门主管全国的农村五保供养工作；县级以上地方各级人民政府民政部门主管本行政区域内的农村五保供养工作。

乡、民族乡、镇人民政府管理本行政区域内的农村五保供养工作。

村民委员会协助乡、民族乡、镇人民政府开展农村五保供养工作。

第四条　国家鼓励社会组织和个人为农村五保供养对象和农村五保供养工作提供捐助和服务。

第五条　国家对在农村五保供养工作中做出显著成绩的单位和个人，给予表彰和奖励。

第二章　供养对象

第六条　老年、残疾或者未满16周岁的村民，无劳动能力、无生活来源又无法定赡养、抚养、扶养义务人，或者其法定赡养、抚养、扶养义务人无赡养、抚养、扶养能力的，享受农村五保供养待遇。

第七条　享受农村五保供养待遇，应当由村民本人向村民委员会提出申请；因年幼或者智力残疾无法表达意愿的，由村民小组或者其他村民代为提出申请。经村民委员会民主评议，对符合本条例第六条规定条件的，在本村范围内公告；无重大异议的，由村民委员会将评议意见和有关材料报送乡、民族乡、镇人民政府审核。

乡、民族乡、镇人民政府应当自收到评议意见之日起20日内提出审核意见，并将审核意见和有关材料报送县级人民政府民政部门审批。县级人民政府民政部门应当自收到审核意见和有关材料之日起20日内作出审批决定。对批准给予农村五保供养待遇的，发给《农村五保供养证书》；对不符合条件不予批准的，应当书面说明理由。

乡、民族乡、镇人民政府应当对申请人的家庭状况和经济条件进行调查核实；必要时，县级人民政府民政部门可以进行复核。申请人、有关组织或者个人应当配合、接受调查，如实提供有关情况。

第八条　农村五保供养对象不再符合本条例第六条规定条件的，村民委员会或者敬老院等农村五保供养服务机构（以下简称农村五保供养服务机构）应当向乡、民族乡、镇人民政府报告，由乡、民族乡、镇人民政府审核并报县级人民政府民政部门核准后，核销其《农村五保供养证书》。

农村五保供养对象死亡，丧葬事宜办理完毕后，村民委员会或者农村五保供养服务机构应当向乡、民族乡、镇人民政府报告，由乡、民族乡、镇人民政府报县级人民政府民政部门核准后，核销其《农村五保供养证书》。

第三章　供养内容

第九条　农村五保供养包括下列供养内容：

（一）供给粮油、副食品和生活用燃料；

（二）供给服装、被褥等生活用品和零用钱；

（三）提供符合基本居住条件的住房；

（四）提供疾病治疗，对生活不能自理的给予照料；

（五）办理丧葬事宜。

农村五保供养对象未满16周岁或者已满16周岁仍在接受义务教育的，应当保障他们依法接受义务教育所需费用。

农村五保供养对象的疾病治疗，应当与当地农村合作医疗和农村医疗救助制度相衔接。

第十条　农村五保供养标准不得低于当地村民的平均生活水平，并根据当地村民平均生活水平的提高适时调整。

农村五保供养标准，可以由省、自治区、直辖市人民政府制定，在本行政区域内公布执行，也可以由设区的市级或者县级人民政府制定，报所在的省、自治区、直辖市人民政府备案后公布执行。

国务院民政部门、国务院财政部门应当加强对农村五保供养标准制定工作的指导。

第十一条　农村五保供养资金，在地方人民政府财政预算中安排。有农村集体经营等收入的地方，可以从农村集体经营等收入中安排资金，用于补助和改善农村五保供养对象的生活。农村五保供养对象将承包土地交由他人代耕的，其收益归该农村五保供养对象所有。具体办法由省、自治区、直辖市人民政府规定。

中央财政对财政困难地区的农村五保供养，在资金上给予适当补助。

农村五保供养资金，应当专门用于农村五保供养对象的生活，任何组织或者个人不得贪污、挪用、截留或者私分。

第四章　供养形式

第十二条　农村五保供养对象可以在当地的农村五保供养服务机构集中供养，也可以在家分散供养。农村五保供养对象可以自行选择供养形式。

第十三条　集中供养的农村五保供养对象，由农村五保供养服务机构提供供养服务；分散供养的农村五保供养对象，可以由村民委员会提供照料，也可以由农村五保供养服务机构提供有关供养服务。

第十四条　各级人民政府应当把农村五保供养服务机构建设纳入经济社会发展规划。

县级人民政府和乡、民族乡、镇人民政府应当为农村五保供养服务机构提供必要的设备、管理资金，并配备必要的工作人员。

第十五条　农村五保供养服务机构应当建立健全内部民主管理和服务管理制度。

农村五保供养服务机构工作人员应当经过必要的培训。

第十六条　农村五保供养服务机构可以开展以改善农村五保供养对象生活条件为目的的农副业生产。地方各级人民政府及其有关部门应当对农村五保供养服务机构开展农副业生产给予必要的扶持。

第十七条　乡、民族乡、镇人民政府应当与村民委员会或者农村五保供养服务机构签订供养服务协议，保证农村五保供养对象享受符合要求的供养。

村民委员会可以委托村民对分散供养的农村五保供养对象提供照料。

第五章　监督管理

第十八条　县级以上人民政府应当依法加强对农村五保供养工作的监督管理。县级以上地方各级人民政府民政部门和乡、民族乡、镇人民政府应当制定农村五保供养工作的管理制度，并负责督促实施。

第十九条　财政部门应当按时足额拨付农村五保供养资金，确保资金到位，并加强对资金使用情况的监督管理。

审计机关应当依法加强对农村五保供养资金使用情况的审计。

第二十条　农村五保供养待遇的申请条件、程序、民主评议情况以及农村五保供养的标准和资金使用情况等，应当向社会公告，接受社会监督。

第二十一条　农村五保供养服务机构应当遵守治安、消防、卫生、财务会计等方面的法律、法规和国家有关规定，向农村五保供养对象提供符合要求的供养服务，并接受地方人民政府及其有关部门的监督管理。

第六章　法律责任

第二十二条　违反本条例规定，有关行政机关及其工作人员有下列行为之一的，对直接负责的主管人员以及其他直接责任人员依法给予行政处分；构成犯罪的，依法追究刑事责任：

（一）对符合农村五保供养条件的村民不予批准享受农村五保供养待遇的，或者对不符合农村五保供养条件的村民批准其享受农村五保供养待遇的；

（二）贪污、挪用、截留、私分农村五保供养款物的；

（三）有其他滥用职权、玩忽职守、徇私舞弊行为的。

第二十三条　违反本条例规定，村民委员会组成人员贪污、挪用、截留农村五保供养款物的，依法予以罢免；构成犯罪的，依法追究刑事责任。

违反本条例规定，农村五保供养服务机构工作人员私分、挪用、截留农村五保供养款物的，予以辞退；构成犯罪的，依法追究刑事责任。

第二十四条　违反本条例规定，村民委员会或者农村五保供养服务机构对农村五保供养对象提供的供养服务不符合要求的，由乡、民族乡、镇人民政府责令限期改正；逾期不改正的，乡、民族乡、镇人民政府有权终止供养服务协议；造成损失的，依法承担赔偿责任。

第七章　附　则

第二十五条　《农村五保供养证书》由国务院民政部门规定式样，由省、自治区、直辖市人民政府民政部门监制。

第二十六条　本条例自 2006 年 3 月 1 日起施行。1994 年 1 月 23 日国务院发布的《农村五保供养工作条例》同时废止。

文件之十：国务院办公厅转发民政部关于进一步做好农村社会养老保险工作意见的通知

国办发〔**1995**〕**51** 号

各省、自治区、直辖市人民政府，国务院各部委、各直属机构：

民政部《关于进一步做好农村社会养老保险工作的意见》已经国务院同意，现转发给你们，请结合本地区实际情况，认真贯彻执行。

近年来，随着农村经济改革的不断深入，我国农村社会养老保险事业有了一定的发展。实践证明，在农村群众温饱问题已基本解决、基层组织比较健全的地区，逐步建立农村社会养老保险制度，是建立健全农村社会保障体系的重要措施，对于深化农村改革、保障农民利益、解除农民后顾之忧和落实计划生育基本国策、促进农村经济发展和社会稳定，都具有深远意义。各级政府要切实加强领导，高度重视对农村养老保险基金的管理和监督，积极稳妥地推进这项工作。

国务院办公厅

一九九五年十月十九日

附：关于进一步做好农村社会养老保险工作的意见

国务院：

随着社会主义市场经济体制的逐步形成，在农村相应地建立社会养老保险体系已很紧迫。1991 年 1 月，国务院决定由民政部负责开展建立农村社会养老保险制度的试点。民政部在深入调查研究和总结经验的基础上，制定了《农村社会养老保险基本方案》，并在山东等地组织了较大规模的试点，有条件的地区在试点的基础上正在逐步推开。截至目前，已有 30 个省、自治区、直辖市的 1 400 多个县（市、区、旗）开展了这项工作，26 个省、自治区、直辖市人民政府颁发了开展农村社会养老保险的文件，有的还制定了农村社会养老保险的地方性法规。全国参加社会养老保险的农村人口已有近 5 000万人，积累保险基金 32 亿元，形成了一定的规模。山东、江苏、上海、浙江、湖南、福建、江西等省市积累的基金都超过亿元。山东省有 1 600 多万农村人口参加社会养老保险，积累保险基金 13 亿元，其中烟台市 13 个县（市、区）的 197 个乡镇全部开展农村社会养老保险，全市积累基金近 4 亿元。上海市有 85 万农村人口参加社会养老保险，占应参加保险对象的 65%，积累基金 2. 3 亿元。这些地区初步形成了省、市、县、乡上下贯通的管理体系，基本的操作程序比较规范，逐步健全了管理制度，保险基金能够按规定要求增值，开始走上正常运转的轨道。

几年来，各地根据民政部制定的《农村社会养老保险基本方案》，结合当地实际积极开展工作，积累了许多好的经验。参加社会养老保险的群众感到，个人按经济能力确定交费数额、集体视经济状况适当补助、国家给予政策扶持的办法很好，老年生活有保障，也比较合算。已经开展这项工作的地方政府和乡村干部反映，建立这项制度的经济和社会效益比较明显，不少农民的家庭关系改善，计划生育的自觉性提高，基层组织的工作也比以前好做。几年的实践表明，随着我国农村经济的发展，在群众温饱问题基本解决、农村基层组织比较健全的地区，采取政府组织引导和群众自愿相结合的方法，逐步建立较为规范的农村社会养老保险制度是可行的。

在农村建立社会养老保险制度，是个新生事物，当前的发展势头是好的，但也存在一些问题。主要问题是，思想认识不统一，有些经济条件较好的地区推行的难度反而比经济条件较差的地区还要大；有些地方没有制定有关法规，管理还不够规范；少数地方出现了挪用保险基金的问题。为了统一思想认识，加强保险基金的管理，避免出现混乱，以推动农村社会养老保险工作积极、稳妥、健康地发展，现提出如下意见：

一、统一认识 加强领导

建立农村社会养老保险制度，是促进我国农村改革、发展、稳定的一项重要政策，也是保障农民利益、解除农民后顾之忧的重要措施。各级政府要从我国农村经济与社会发展的全局出发，充分认识逐步建立农村社会养老保险制度对于深化农村改革、缩小城乡差别、保护农民权益、改善党群干群关系和落实计划生育基本国策、促进农村经济发展和社会稳定的重要意义。要进一步加强和改进对这项工作的领导，把开展农村社会养老保险作为深化农村改革的重要配套措施，列入议事日程，作出具体部署，认真组织实施。各有关部门应积极配合和支持民政部门开展工作，采取切实措施解决工作中的实际困难和问题，真正把农村社会养老保险的优惠政策落到实处。各级民政部门要根据国务院有关社会保险分工的规定，发挥好职能部门的作用，积极主动地做好工作。

二、从实际出发 分类指导

今后一个时期，具备条件的地区要积极发展农村（含乡镇企业）的社会养老保险事业。经济比较发达的地区要积极引导农民参加社会养老保险，制定地方法规，完善各项管理，初步建立农村社会养老保险制度；经济中等发达地区要在现有工作基础上，积极稳妥地推进，逐步建立农村社会养老保险制度；经济欠发达地区可选择条件较好的县（市、区）和乡（镇）进行试点，逐步积累经验。当前和今后一个时期，各级政府要一手抓发展，一手抓管理，从实际出发，抓住重点，分类指导。

三、推广规范操作 逐步完善管理体系

加强和改进各项管理工作，是巩固和发展农村社会养老保险事业的重要措施。各级民政部门要把加强管理摆上重要位置，在实践中不断完善管理办法，推行和普及规范化操作，逐步推广和运用计算机个人账户管理系统，提高管理质量和服务水平，确保个人保险编号、缴费情况等基本要素的完整准确。要主动加强同有关方面的联系和协作，建立健全各级农村社会保险管理机构，完善管理服务体系。要组织好人员培训，努力提高专业干部素质，把农村社会养老保险的管理提高到一个新水平。

四、切实加强基金的管理和监督

农村社会养老保险积累基金数额大、周期长，各级政府要切实加强对基金的管理和监督，严肃财经纪律，严格基金运作，建立健全各项财务会计制度，保证基金安全无风险并规范运营加大增值。现阶段养老保险基金主要通过购买国债和存入银行增值，任何部门都不得挪作他用或用于直接投资。对贪污、挪用基金或由于渎职造成基金严重损失者，要按党纪政纪严肃处理，触犯刑律的要移送司法机关依法惩处。要在当地政府领导下，逐步建立由有关方面组成的基金监督委员会。要结合财政、金融和税收体制改革，加强对农村社会养老保险基金管理的政策研究，逐步建立适应社会主义市场经济体制的基金增值运营机制和基金管理监督体系。对农村社会养老保险的其他方面的管理，也要在深入调查研究、认真总结经验的基础上，制定相应的政策措施。

五、加强宣传教育 改进工作方法

加强宣传工作是搞好农村社会养老保险的重要环节。由于这项工作开展时间不长，农民养老保险意识不强，基层干部和群众需要有个提高认识的过程。要通过宣传媒介宣讲农村社会养老保险的意义和这项工作的基本做法，提高农民对养老保险的认识和了解，增强自我保障意识。要深入乡村和农户，做细致的思想工作，把农村社会养老保险的政策讲明、好处讲清，坚持自愿原则，不能强迫命令。要通过政策引导、村民和企业职工民主讨论等方法，帮助群众解除各种思想疑虑，调动各方面的积极性，吸引群众参加养老保险。

以上意见如无不妥，建议批转各地贯彻执行。

民政部

一九九五年六月二十日

文件之十一：劳动和社会保障部办公厅

关于印发**2002**年农村养老

保险工作安排的通知

各省、自治区、直辖市劳动和社会保障、民政厅（局）：

根据劳动保障部有关工作部署，现将2002年农村养老保险工作安排印发给你们，供参考。

二〇〇二年二月九日

2002年农村养老保险工作安排

2002年农村养老保险（以下简称农保）工作的基本思路是：以江泽民总书记“三个代表”重要思想和党的十五届六中全会精神为指导，重新审视农保工作，在实践中想办法，在创新中找出路；同时要继续理顺体制，稳定队伍，管好基金，搞好调研，做好整顿规范农保工作。为此，主要做以下几项工作：

一、学习贯彻“三个代表”重要思想，坚定做好农保工作的信心和决心

江总书记“三个代表”重要思想对建设有中国特色的农保制度有着极为重要的指导意义。农保工作的开展体现了我党始终代表先进生产力的发展要求。中国的经济体制改革是从农村开始的，家庭联产承包制的推行充分调动了农民的生产积极性，促进了农村生产力的发展。农民收入增加的同时，生产、生活的风险也在加大，为此，国家“七五”计划提出“抓紧研究建立农村社会保险制度”，这是与当时农村经济体制改革相配套的。随着农村工业化、城镇化、

现代化，如果依然坚持“就业靠土地，保障靠家庭”，将阻碍农村剩余劳动力的转移和农村生产力的发展，因此迫切需要建立健全适合农村特点的养老保险制度，解除农民的后顾之忧。农保工作的开展体现了我党始终代表先进文化的发展方向。由于农村生产单位和分配主体的变化，原来依附于集体经济的保障制度已基本解体，农民的保障观念和保障形式发生极大的变化。计划生育政策的推行，传统的家庭养老功能在弱化，越来越多的农民对以自我保障为主的新型保障方式有了更大的认同。

由于城镇交流和农村文化教育的发展，农民的思想观念和消费观念发生很大变化，他们希望老年有经济自主权和养老的主动权。建立农保制度顺应了农民思想观念的变化，改善了家庭关系，促进了农村精神文明建设，有利于维护农村社会稳定。

农保工作的开展体现了我党始终代表中国最广大人民的根本利益。中国有近 13 亿人口，9 亿在农村，农业、农村和农民问题是关系改革开放和现代化建设全局的重大问题。没有农民的小康就没有全国人民的富裕生活，没有农村社会保障，我国的社会保障体系就不可能完善。党中央、国务院十分重视农村社会保障工作，对农保工作提出了明确要求。这项工作得到了广大农民的欢迎和赞同，代表了占我国人口绝大多数农民的根本利益，是为农民办了一件好事实事。

学习“三个代表”重要思想，就是要坚定做好农保工作的信心和决心，把整顿、规范、改革、完善农保作为实践“三个代表”重要思想的具体行动。

二、继续理顺管理体制，稳定机构队伍

在机构改革中，理顺管理体制，稳定机构队伍，是稳定农保工作局面的关键，是做好整顿规范工作的前提，也是目前最为紧迫的任务。到目前为止，全国已有24个省、自治区、直辖市将农保机构职能划入劳动保障部门，其中，单独设农保处的有13个：北京、天津、河北、山西、黑龙江、山东、上海、浙江、重庆、湖南、安徽、江苏、云南；没有单独设农保处，行政职能合并到养老保险处或社会保险处的有11个：内蒙古、吉林、辽宁、广西、广东、海南、四川、福建、贵州、甘肃、西藏。职能已从民政部门划出，劳动保障部门还未接机构和人员的有4个：

陕西、青海、新疆、宁夏；职能机构和人员留在民政部门的有3个：河南、江西、湖北。

目前，少数省级管理体制还没有理顺，绝大多数地、县农保机构还在民政部门，一些地方甚至出现了民政不好管、劳动不想要的现象，影响整顿规范工作的进行。今年，随着省级以下机构改革的推进，要继续做好理顺管理体制、稳定机构队伍的工作。继续贯彻中编办发〔1998〕8号、中编办发〔2000〕18号文件和劳社部发明电〔2000〕6号文件精神，一是要进一步强调在省级以下机构改革过程中，明确农保主管部门，妥善解决农保机构的设置和人员安置问题；二是与有关部门协商，解决基层农保机构管理费不足问题，保持队伍的稳定；三是明确要求在职能转换过程中要做好基金、档案的移交工作，确保基金不流失、档案不丢失；四是要从劳动和社会保障事业发展的角度，研究解决乡镇农保职能归并与机构建设问题。

三、加强基金管理，确保基金安全

加强基金管理、规范操作行为、摸清基金底数、防范并化解风险是当前工作的重中之重。经过几年的整顿规范，各地农保管理机构的风险意识有所增强，回收违规基金工作也取得了一定的成效。在历年进行农保基金核算和统计的基础上，2001 年 5 月，全国开展了农保基金调查摸底工作。要求所有管理农保基金的经办机构对基金逐笔进行清理核对，并对基金运营风险作出评估。在自查的基础上，上级对下级抽查面在30%以上。

根据各地上报数据汇总，截止到2000年底，全国农保基金积累总额 198.58 亿元，其中责任金 191.53 亿元（占基金总额的96.45%），调剂金 7.05 亿元（占基金总额的 3.55%）。历年累计收取保费 165.82 亿元，基金运营收益 32.76 亿元。在 198.58 亿元基金中，存银行、买国债和交财政管理共 158.99 亿元，占基金总额的80.06%；非银行金融机构存款、购买金融债券和企业债券共 22.55 亿元，占 11.35%；委托贷款、购买股票、直接投资和拆借挪用等其他资金共 17.05 亿元，占 8.59%。从资产状况看，可正常收回本息的基金 184.53 亿元，占基金总额的 92.93%；收回本息有困难的基金 12.7 亿元，占基金总额的 6.39%；已确定不能收回的基金 1.35 亿元，占基金总额的 0.68%。

根据调查摸底的情况，农保基金潜在的主要风险是原存入被关闭的金融机构农保基金债务清偿问题。为解决这一问题，我部去年专门派员赴问题集中的海南省，走访了该省地方金融风险处置办公室和海南发展银行清算确认组，了解情况并进行交涉；多次与中国人民银行进行联系和协商，要求将农保基金视同个人存款优先偿还，目前人民银行正在与有关部门研究解决办法。

今年，主要从五个方面加强基金管理工作：一是根据基金调查摸底的情况，下发进一步加强农保基金管理的通知，严格规定基金运营要求，当前农保基金只允许存入国有银行和直接购买国债，决不允许发生新的违规操作；二是完善财务会计制度，培训省级财会人员。为从制度上进一步规范基金管理，2001 年我部下发了《关于调整〈农村社会养老保险会计制度〉部分内容的通知》，今年将组织对省级财务会计主管人员的培训，同时要求各地进行相应的培训；三是督促各地加大回收有风险基金的力度，同时继续与人民银行、财政部等有关部门协调，争取妥善解决原存入被关闭金融机构的农保基金债务清偿问题；四是研究探索基金市场化管理运营的可行办法，目前的重点是继续与人民银行等有关部门协商，争取农保基金参照执行保险公司与商业银行进行大额协议存款的优惠政策。

四、进一步搞好调研，研究农保工作新思路

劳动和社会保障部组建以来，部领导首先从调研入手，对农保调研工作作出具体安排，并亲自带队进行调研。几年来，先后赴全国 29 个省、自治区、直辖市（除新疆、西藏外）进行调研，主要了解掌握各地农保工作的基本情况，听取地方党政领导、有关部门负责人、乡村干部和农民群众对整顿规范农保工作的意见和建议，写出了 20 多份调研报告。温家宝副总理对上海调研报告作了重要批示："整顿规范农村社会养老保险，要从实际出发，充分考虑各地农村经济、社会发展的差异。劳动和社会保障部要继续调查研究，全面摸清情况，抓紧制定方案"。

从调研了解的情况看，各方面对建立健全农保保障制度反映十分强烈。一是认为整顿规范农保要坚持分类指导，不要搞一刀切，农保政策不能搞急刹车。否则，可能影响农民切身利益、影响农村社会稳定、影响党和政府在农民中的形象。如上海市劳动保障局认为，经过10多年的工作，上海市90%以上农民都参加了农保，30多万农民在领取养老金，这项制度对保障农民利益、促进城乡劳动力流动有积极作用，如果简单停办，可能产生严重的问题，直接影响社会稳定。二是建立健全农保制度是完善我国社会保障制度的一项重要内容。国家计委、国家计生委、中国社科院等部门和单位分别组织国内外专家学者对农保的必要性、可行性进行研究，呼吁要高度重视农保工作。人大代表、政协委员对农保的提案和建议逐年增加。最近，全国人大执法检查组对《中华人民共和国农业法》实施情况进行检查，提出目前农村社会保障、金融服务、农业保险等制度很不健全，影响我国“三农”问题的解决，并要求国务院及有关部门健全和完善这些制度。综上所述，探索建立农保制度，与家庭赡养、土地保障、社区扶持相结合，共同保障农民老年的基本生活，是适合我国国情和农村实际的现实选择，也是建立社会主义市场经济的客观要求。

今年，将主要进行以下调研工作：一是围绕整顿规范工作进行调研，进一步听取地方各有关方面的意见和建议，完善工作方案；二是及时了解研究和解决地方特别是基层机构改革中农保工作出现的新情况、新问题；三是根据农村城镇化、人口老龄化、家庭小型化的发展趋势，研究农村养老等社会保障体系建设问题；四是研究探索适应小城镇特点的社会保障制度；五是针对进城农民工、小城镇农转非人员和农村劳动者，研究设计互相可以转换的养老保险办法。

文件之十二：国务院关于开展新型农村社会养老保险试点的指导意见

国发〔2009〕32号

各省、自治区、直辖市人民政府，国务院各部委、各直属机构：

根据党的十七大和十七届三中全会精神，国务院决定，从2009年起开展新型农村社会养老保险（以下简称新农保）试点。现就试点工作提出以下指导意见：

一、基本原则

新农保工作要高举中国特色社会主义伟大旗帜，以邓小平理论和“三个代表”重要思想为指导，深入贯彻落实科学发展观，按照加快建立覆盖城乡居民的社会保障体系的要求，逐步解决农村居民老有所养问题。新农保试点的基本原则是“保基本、广覆盖、有弹性、可持续”。一是从农村实际出发，低水平起步，筹资标准和待遇标准要与经济发展及各方面承受能力相适应；二是个人（家庭）、集体、政府合理分担责任，权利与义务相对应；三是政府主导和农民自愿相结合，引导农村居民普遍参保；四是中央确定基本原则和主要政策，地方制订具体办法，对参保居民实行属地管理。

二、任务目标

探索建立个人缴费、集体补助、政府补贴相结合的新农保制度，实行社会统筹与个人账户相结合，与家庭养老、土地保障、社会救助等其他社会保障政策措施相配套，保障农村居民老年基本生活。2009年试点覆盖面为全国10%的县（市、区、旗），以后逐步扩大试点，在全国普遍实施，2020 年之前基本实现对农村适龄居民的全覆盖。

三、参保范围

年满 16 周岁（不含在校学生）、未参加城镇职工基本养老保险的农村居民，可以在户籍地自愿参加新农保。

四、基金筹集

新农保基金由个人缴费、集体补助、政府补贴构成。

（一）个人缴费。参加新农保的农村居民应当按规定缴纳养老保险费。缴费标准目前设为每年 100 元、200 元、300 元、400 元、500 元 5 个档次，地方可以根据实际情况增设缴费档次。参保人自主选择档次缴费，多缴多得。国家依据农村居民人均纯收入增长等情况适时调整缴费档次。

（二）集体补助。有条件的村集体应当对参保人缴费给予补助，补助标准由村民委员会召开村民会议民主确定。鼓励其他经济组织、社会公益组织、个人为参保人缴费提供资助。

（三）政府补贴。政府对符合领取条件的参保人全额支付新农保基础养老金，其中中央财政对中西部地区按中央确定的基础养老金标准给予全额补助，对东部地区给予 50%的补助。

地方政府应当对参保人缴费给予补贴，补贴标准不低于每人每年 30 元；对选择较高档次标准缴费的，可给予适当鼓励，具体标准和办法由省（区、市）人民政府确定。对农村重度残疾人等缴费困难群体，地方政府为其代缴部分或全部最低标准的养老保险费。

五、建立个人账户

国家为每个新农保参保人建立终身记录的养老保险个人账户。

个人缴费，集体补助及其他经济组织、社会公益组织、个人对参保人缴费的资助，地方政府对参保人的缴费补贴，全部记入个人账户。个人账户储存额目前每年参考中国人民银行公布的金融机构人民币一年期存款利率计息。

六、养老金待遇

养老金待遇由基础养老金和个人账户养老金组成，支付终身。

中央确定的基础养老金标准为每人每月 55 元。地方政府可以根据实际情况提高基础养老金标准，对于长期缴费的农村居民，可适当加发基础养老金，提高和加发部分的资金由地方政府支出。

个人账户养老金的月计发标准为个人账户全部储存额除以 139（与现行城镇职工基本养老保险个人账户养老金计发系数相同）。参保人死亡，个人账户中的资金余额，除政府补贴外，可以依法继承；政府补贴余额用于继续支付其他参保人的养老金。

七、养老金待遇领取条件

年满 60 周岁、未享受城镇职工基本养老保险待遇的农村有户籍的老年人，可以按月领取养老金。

新农保制度实施时，已年满 60 周岁、未享受城镇职工基本养老保险待遇的，不用缴费，可以按月领取基础养老金，但其符合参保条件的子女应当参保缴费；距领取年龄不足 15 年的，应按年缴费，也允许补缴，累计缴费不超过 15 年；距领取年龄超过 15 年的，应按年缴费，累计缴费不少于 15 年。

要引导中青年农民积极参保、长期缴费，长缴多得。具体办法由省（区、市）人民政府规定。

八、待遇调整

国家根据经济发展和物价变动等情况，适时调整全国新农保基础养老金的最低标准。

九、基金管理

建立健全新农保基金财务会计制度。新农保基金纳入社会保障基金财政专户，实行收支两条线管理，单独记账、核算，按有关规定实现保值增值。试点阶段，新农保基金暂实行县级管理，随着试点扩大和推开，逐步提高管理层次；有条件的地方也可直接实行省级管理。

十、基金监督

各级人力资源社会保障部门要切实履行新农保基金的监管职责，制定完善新农保各项业务管理规章制度，规范业务程序，建立健全内控制度和基金稽核制度，对基金的筹集、上解、划拨、发放进行监控和定期检查，并定期披露新农保基金筹集和支付信息，做到公开透明，加强社会监督。财政、监察、审计部门按各自职责实施监督，严禁挤占挪用，确保基金安全。试点地区新农保经办机构和村民委员会每年在行政村范围内对村内参保人缴费和待遇领取资格进行公示，接受群众监督。

十一、经办管理服务

开展新农保试点的地区，要认真记录农村居民参保缴费和领取待遇情况，建立参保档案，长期妥善保存；建立全国统一的新农保信息管理系统，纳入社会保障信息管理系统（“金保工程”）建设，并与其他公民信息管理系统实现信息资源共享；要大力推行社会保障卡，方便参保人持卡缴费、领取待遇和查询本人参保信息。试点地区要按照精简效能原则，整合现有农村社会服务资源，加强新农保经办能力建设，运用现代管理方式和政府购买服务方式，降低行政成本，提高工作效率。新农保工作经费纳入同级财政预算，不得从新农保基金中开支。

十二、相关制度衔接

原来已开展以个人缴费为主、完全个人账户农村社会养老保险（以下称老农保）的地区，要在妥善处理老农保基金债权问题的基础上，做好与新农保制度衔接。在新农保试点地区，凡已参加了老农保、年满60周岁且已领取老农保养老金的参保人，可直接享受新农保基础养老金；对已参加老农保、未满60周岁且没有领取养老金的参保人，应将老农保个人账户资金并入新农保个人账户，按新农保的缴费标准继续缴费，待符合规定条件时享受相应待遇。

新农保与城镇职工基本养老保险等其他养老保险制度的衔接办法，由人力资源社会保障部会同财政部制定。要妥善做好新农保制度与被征地农民社会保障、水库移民后期扶持政策、农村计划生育家庭奖励扶助政策、农村五保供养、社会优抚、农村最低生活保障制度等政策制度的配套衔接工作，具体办法由人力资源社会保障部、财政部会同有关部门研究制订。

十三、加强组织领导

国务院成立新农保试点工作领导小组，研究制订相关政策并督促检查政策的落实情况，总结评估试点工作，协调解决试点工作中出现的问题。

地方各级人民政府要充分认识开展新农保试点工作的重大意义，将其列入当地经济社会发展规划和年度目标管理考核体系，切实加强组织领导。各级人力资源社会保障部门要切实履行新农保工作行政主管部门的职责，会同有关部门做好新农保的统筹规划、政策制定、统一管理、综合协调等工作。试点地区也要成立试点工作领导小组，负责本地区试点工作。

十四、制定具体办法和试点实施方案

省（区、市）人民政府要根据本指导意见，结合本地区实际情况，制定试点具体办法，并报国务院新农保试点工作领导小组备案；要在充分调研、多方论证、周密测算的基础上，提出切实可行的试点实施方案，按要求选择试点地区，报国务院新农保试点工作领导小组审定。试点县（市、区、旗）的试点实施方案由各省（区、市）人民政府批准后实施，并报国务院新农保试点工作领导小组备案。

十五、做好舆论宣传工作

建立新农保制度是深入贯彻落实科学发展观、加快建设覆盖城乡居民社会保障体系的重大决策，是应对国际金融危机、扩大国内消费需求的重大举措，是逐步缩小城乡差距、改变城乡二元结构、推进基本公共服务均等化的重要基础性工程，是实现广大农村居民老有所养、促进家庭和谐、增加农民收入的重大惠民政策。

各地区和有关部门要坚持正确的舆论导向，运用通俗易懂的宣传方式，加强对试点工作重要意义、基本原则和各项政策的宣传，使这项惠民政策深入人心，引导适龄农民积极参保。

各地要注意研究试点过程中出现的新情况、新问题，积极探索和总结解决新问题的办法和经验，妥善处理改革、发展和稳定的关系，把好事办好。重要情况要及时向国务院新农保试点工作领导小组报告。

国务院

二〇〇九年九月一日

文件之十三：国务院关于建立统一的城乡居民基本养老保险制度的意见

国发〔2014〕8号

各省、自治区、直辖市人民政府，国务院各部委、各直属机构：

按照党的十八大精神和十八届三中全会关于整合城乡居民基本养老保险制度的要求，依据《中华人民共和国社会保险法》有关规定，在总结新型农村社会养老保险（以下简称新农保）和城镇居民社会养老保险（以下简称城居保）试点经验的基础上，国务院决定，将新农保和城居保两项制度合并实施，在全国范围内建立统一的城乡居民基本养老保险（以下简称城乡居民养老保险）制度。现提出以下意见：

一、指导思想

高举中国特色社会主义伟大旗帜，以邓小平理论、“三个代表”重要思想、科学发展观为指导，贯彻落实党中央和国务院的各项决策部署，按照全覆盖、保基本、有弹性、可持续的方针，以增强公平性、适应流动性、保证可持续性为重点，全面推进和不断完善覆盖全体城乡居民的基本养老保险制度，充分发挥社会保险对保障人民基本生活、调节社会收入分配、促进城乡经济社会协调发展的重要作用。

二、任务目标

坚持和完善社会统筹与个人账户相结合的制度模式，巩固和拓宽个人缴费、集体补助、政府补贴相结合的资金筹集渠道，完善基础养老金和个人账户养老金相结合的待遇支付政策，强化长缴多得、多缴多得等制度的激励机制，建立基础养老金正常调整机制，健全服务网络，提高管理水平，为参保居民提供方便快捷的服务。“十二五”末，在全国基本实现新农保和城居保制度合并实施，并与职工基本养老保险制度相衔接。2020年前，全面建成公平、统一、规范的城乡居民养老保险制度，与社会救助、社会福利等其他社会保障政策相配套，充分发挥家庭养老等传统保障方式的积极作用，更好保障参保城乡居民的老年基本生活。

三、参保范围

年满16周岁（不含在校学生），非国家机关和事业单位工作人员及不属于职工基本养老保险制度覆盖范围的城乡居民，可以在户籍地参加城乡居民养老保险。

四、基金筹集

城乡居民养老保险基金由个人缴费、集体补助、政府补贴构成。

（一）个人缴费。

参加城乡居民养老保险的人员应当按规定缴纳养老保险费。缴费标准目前设为每年100元、200元、300元、400元、500元、600元、700元、800元、900元、1 000元、1 500元、2 000元12个档次，省（区、市）人民政府可以根据实际情况增设缴费档次，最高缴费档次标准原则上不超过当地灵活就业人员参加职工基本养老保险的年缴费额，并报人力资源社会保障部备案。人力资源社会保障部会同财政部依据城乡居民收入增长等情况适时调整缴费档次标准。参保人自主选择档次缴费，多缴多得。

（二）集体补助。

有条件的村集体经济组织应当对参保人缴费给予补助，补助标准由村民委员会召开村民会议民主确定，鼓励有条件的社区将集体补助纳入社区公益事业资金筹集范围。鼓励其他社会经济组织、公益慈善组织、个人为参保人缴费提供资助。补助、资助金额不超过当地设定的最高缴费档次标准。

（三）政府补贴。

政府对符合领取城乡居民养老保险待遇条件的参保人全额支付基础养老金，其中，中央财政对中西部地区按中央确定的基础养老金标准给予全额补助，对东部地区给予50%的补助。

地方人民政府应当对参保人缴费给予补贴，对选择最低档次标准缴费的，补贴标准不低于每人每年30元；对选择较高档次标准缴费的，适当增加补贴金额；对选择500元及以上档次标准缴费的，补贴标准不低于每人每年60元，具体标准和办法由省（区、市）人民政府确定。对重度残疾人等缴费困难群体，地方人民政府为其代缴部分或全部最低标准的养老保险费。

五、建立个人账户

国家为每个参保人员建立终身记录的养老保险个人账户，个人缴费、地方人民政府对参保人的缴费补贴、集体补助及其他社会经济组织、公益慈善组织、个人对参保人的缴费资助，全部记入个人账户。个人账户储存额按国家规定计息。

六、养老保险待遇及调整

城乡居民养老保险待遇由基础养老金和个人账户养老金构成，支付终身。

（一）基础养老金。中央确定基础养老金最低标准，建立基础养老金最低标准正常调整机制，根据经济发展和物价变动等情况，适时调整全国基础养老金最低标准。地方人民政府可以根据实际情况适当提高基础养老金标准；对长期缴费的，可适当加发基础养老金，提高和加发部分的资金由地方人民政府支出，具体办法由省（区、市）人民政府规定，并报人力资源社会保障部备案。

（二）个人账户养老金。个人账户养老金的月计发标准，目前为个人账户全部储存额除以 139（与现行职工基本养老保险个人账户养老金计发系数相同）。参保人死亡，个人账户资金余额可以依法继承。

七、养老保险待遇领取条件

参加城乡居民养老保险的个人，年满 60 周岁、累计缴费满 15 年，且未领取国家规定的基本养老保障待遇的，可以按月领取城乡居民养老保险待遇。

新农保或城居保制度实施时已年满 60 周岁，在本意见印发之日前未领取国家规定的基本养老保障待遇的，不用缴费，自本意见实施之月起，可以按月领取城乡居民养老保险基础养老金；距规定领取年龄不足 15 年的，应逐年缴费，也允许补缴，累计缴费不超过 15 年；距规定领取年龄超过 15 年的，应按年缴费，累计缴费不少于 15 年。

城乡居民养老保险待遇领取人员死亡的，从次月起停止支付其养老金。有条件的地方人民政府可以结合本地实际探索建立丧葬补助金制度。社会保险经办机构应每年对城乡居民养老保险待遇领取人员进行核对；村（居）民委员会要协助社会保险经办机构开展工作，在行政村（社区）范围内对参保人待遇领取资格进行公示，并与职工基本养老保险待遇等领取记录进行比对，确保不重、不漏、不错。

八、转移接续与制度衔接

参加城乡居民养老保险的人员，在缴费期间户籍迁移、需要跨地区转移城乡居民养老保险关系的，可在迁入地申请转移养老保险关系，一次性转移个人账户全部储存额，并按迁入地规定继续参保缴费，缴费年限累计计算；已经按规定领取城乡居民养老保险待遇的，无论户籍是否迁移，其养老保险关系不转移。

城乡居民养老保险制度与职工基本养老保险、优抚安置、城乡居民最低生活保障、农村五保供养等社会保障制度以及农村部分计划生育家庭奖励扶助制度的衔接，按有关规定执行。

九、基金管理和运营

将新农保基金和城居保基金合并为城乡居民养老保险基金，完善城乡居民养老保险基金财务会计制度和各项业务管理规章制度。城乡居民养老保险基金纳入社会保障基金财政专户，实行收支两条线管理，单独记账、独立核算，任何地区、部门、单位和个人均不得挤占挪用、虚报冒领。各地要在整合城乡居民养老保险制度的基础上，逐步推进城乡居民养老保险基金省级管理。

城乡居民养老保险基金按照国家统一规定投资运营，实现保值增值。

十、基金监督

各级人力资源社会保障部门要会同有关部门认真履行监管职责，建立健全内控制度和基金稽核监督制度，对基金的筹集、上解、划拨、发放、存储、管理等进行监控和检查，并按规定披露信息，接受社会监督。财政部门、审计部门按各自职责，对基金的收支、管理和投资运营情况实施监督。对虚报冒领、挤占挪用、贪污浪费等违纪违法行为，有关部门按国家有关法律法规严肃处理。要积极探索有村（居）民代表参加的社会监督的有效方式，做到基金公开透明，制度在阳光下运行。

十一、经办管理服务与信息化建设

省（区、市）人民政府要切实加强城乡居民养老保险经办能力建设，结合本地实际，科学整合现有公共服务资源和社会保险经办管理资源，充实加强基层经办力量，做到精确管理、便捷服务。要注重运用现代管理方式和政府购买服务方式，降低行政成本，提高工作效率。要加强城乡居民养老保险工作人员专业培训，不断提高公共服务水平。社会保险经办机构要认真记录参保人缴费和领取待遇情况，建立参保档案，按规定妥善保存。地方人民政府要为经办机构提供必要的工作场地、设施设备、经费保障。城乡居民养老保险工作经费纳入同级财政预算，不得从城乡居民养老保险基金中开支。基层财政确有困难的地区，省市级财政可给予适当补助。

各地要在现有新农保和城居保业务管理系统基础上，整合形成省级集中的城乡居民养老保险信息管理系统，纳入“金保工程”建设，并与其他公民信息管理系统实现信息资源共享；要将信息网络向基层延伸，实现省、市、县、乡镇（街道）、社区实时联网，有条件的地区可延伸到行政村；要大力推行全国统一的社会保障卡，方便参保人持卡缴费、领取待遇和查询本人参保信息。

十二、加强组织领导和政策宣传

地方各级人民政府要充分认识建立城乡居民养老保险制度的重要性，将其列入当地经济社会发展规划和年度目标管理考核体系，切实加强组织领导；要优化财政支出结构，加大财政投入，为城乡居民养老保险制度建设提供必要的财力保障。各级人力资源社会保障部门要切实履行主管部门职责，会同有关部门做好城乡居民养老保险工作的统筹规划和政策制定、统一管理、综合协调、监督检查等工作。

各地区和有关部门要认真做好城乡居民养老保险政策宣传工作，全面准确地宣传解读政策，正确把握舆论导向，注重运用通俗易懂的语言和群众易于接受的方式，深入基层开展宣传活动，引导城乡居民踊跃参保、持续缴费、增加积累，保障参保人的合法权益。

各省（区、市）人民政府要根据本意见，结合本地区实际情况，制定具体实施办法，并报人力资源社会保障部备案。

本意见自印发之日起实施，已有规定与本意见不一致的，按本意见执行。

国务院

2014 年 2 月 21 日

附录二　养老保障调查问卷

山西省大寨村养老保障问卷调查
（老年人问卷）

您好！我是四川大学马克思主义学院的研究生。为了全面了解大寨村养老保障情况，总结大寨村在养老保障事业发展中所取得的成就，分析其中存在的问题，特设计了此份问卷，请您参与问卷调查。本问卷仅用于学术研究，您的回答对我的研究意义重大，我保证绝不会将涉及您隐私的信息对外泄露。请您在下面问题的相关选项上打“√”或填空。本问卷选择题均为单选题。谢谢您的配合！

年龄：　　　性别：　　　子女数：

1. 请问您家家庭年总收入是多少？

A. 3 千元至 1 万元　　　B. 1 万元至 2 万元

C. 2 万元至 5 万元　　　D. 5 万元以上

2. 请问您的文化程度？

A. 文盲或半文盲　　　B. 小学文化程度

C. 初中文化程度　　　D. 高中文化程度及以上

3. 请问您有无配偶？

A. 有　　　　　　　　　　B. 无

4. 请问您每周劳作多长时间？

A. 10 小时及以下　　　　　B. 10 小时至 30 小时

C. 30 小时至 50 小时　　　D. 50 小时以上

5. 请问您劳作的主要内容是？

A. 洗衣　　　　　　　　　B. 做饭

C. 收拾屋子　　　　　　　D. 种田

E. 打工　　　　　　　　　F. 照顾孩子

6. 请问您需要他人照顾吗？

A. 不需要　　　　　　　　B. 需要

7. 请问您每年的消费集中于？

A. 衣食　　　　　　　　　B. 医疗

C. 旅行　　　　　　　　　D. 精神生活

8. 请问您生活中遇到的最大问题是？

A. 身体不适　　　　　　　B. 精神苦闷

C. 养老金短缺

如果您有子孙，请做第 9—10 题；如果您没有子孙，请跳过第 9—10 题。

9. 请问您的子孙定时给您生活费吗？

A. 不给　　　　　　　　　B. 给

10. 请问您的子孙经常跟您沟通交流吗？

A. 很少交流　　　　　　　B. 一般

C. 较频繁　　　　　　　　D. 频繁

11. 请问您对家人给予的照顾满意吗？

A. 不满意　　　　　　　　B. 一般

C. 满意　　　　　　　　　D. 很满意

12. 您最认可的大寨村村委会的养老保障措施是？（老年人日间照料中心除外）

A. 社区养老金制度　　　　B. 五保供养制度

C. 老年饭

13. 请问您对大寨村村委会的养老保障措施满意吗？（老年人日间照料中心除外）

A. 不满意　　　　　　　　B. 一般

C. 满意　　　　　　　　　D. 很满意

14. 请问您对于国家养老保障政策是否了解？

A. 不了解　　　　　　　　B. 基本了解

C. 完全了解

15. 请问您对于国家养老保障政策是否满意？

A. 不满意　　　　　　　　B. 一般

C. 满意　　　　　　　　　D. 很满意

16. 您了解大寨村筹建中的老年人日间照料中心吗？

A. 不了解　　　　　　　　B. 基本了解

C. 完全了解

17. 请问您是否愿意入住老年人日间照料中心进行养老？

A. 不愿意　　　　　　　　B. 一般

C. 愿意

18. 您认为，在您养老过程中，家庭成员、村委会、政府机构哪个起的作用最大？

A. 家庭成员　　　　　　　　B. 村委会

C. 政府机构

19. 您对大寨村完善养老保障体系有何建议？

____

____

____

____

再次感谢您花费宝贵时间填写此问卷!

山西省大寨村养老保障问卷调查

（中青年人问卷）

您好！我是四川大学马克思主义学院的研究生。为了全面了解大寨村养老保障体系，总结大寨村在养老保障体系建设中所取得的成就，分析其中存在的问题，特设计了此份问卷，请您参与问卷调查。本问卷仅用于学术研究，您的回答对我的研究意义重大，我保证绝不会将涉及您隐私的信息对外泄露。请您在下面问题的相关选项上打“√”或填空。本问卷选择题均为单选题。谢谢您的配合！

年龄：　性别：　子女数：

1. 请问您家家庭年总收入是多少？

A. 3 千元至 1 万元　　B. 1 万元至 2 万元

C. 2 万元至 5 万元　　D. 5 万元以上

2. 请问您的文化程度？

A. 文盲或半文盲　　B. 小学文化程度

C. 初中文化程度　　D. 高中文化程度及以上

3. 请问您有无配偶？

A. 有　　B. 无

4. 请问您是就近工作还是在外工作？

A. 就近工作　　B. 在外工作

C. 无工作

5. 请问您家中有老人吗？

A. 有　　B. 没有

如家中有老人，请做第 6—8 题；如家中无老人，请跳过第 6—8 题。

6. 请问您对家中老人的态度怎样？

A. 不好　　B. 一般

C. 好　　D. 很好

7. 请问您会定时给家中老人生活费吗？

A. 不会　　B. 会

8. 请问您跟家中老人交流频繁吗？

A. 很少交流　　B. 一般

C. 较频繁　　D. 频繁

9. 请问您是否担心今后的养老问题？

A. 很担心　　B. 比较担心

C. 一般　　D. 不担心

10. 您最认可的大寨村村委会的养老保障措施是？（老年人日间照料中心除外）

A. 社区养老金制度　　B. 五保供养制度

C. 老年饭

11. 请问您对大寨村村委会的养老保障措施满意吗？（老年人日间照料中心除外）

A. 不满意　　B. 一般

C. 满意　　D. 很满意

12. 请问您对于国家养老保障政策是否了解？

A. 不了解　　B. 基本了解

C. 完全了解

13. 请问您对于国家养老保障政策是否满意？

A. 不满意　　B. 一般

C. 满意　　D. 很满意

14. 请问您是否参加了新农保？

A. 是　　B. 否

如果您参加了新农保，请做第 15 题；如未参加，请跳过第 15 题。

15. 请问您上年度缴纳了多少保费？

A. 100 元　　B. 200 元

C. 300 元　　D. 400 元

E. 500 元

16. 您了解大寨村筹建中的老年人日间照料中心吗？

A. 不了解　　B. 基本了解

C. 完全了解

17. 请问您年老时，是否愿意入住老年人日间照料中心进行养老？

A. 愿意　　B. 一般

C. 不愿意

18. 您对大寨村完善养老保障体系有何建议？

____

____

____

____

再次感谢您花费宝贵时间填写此问卷！